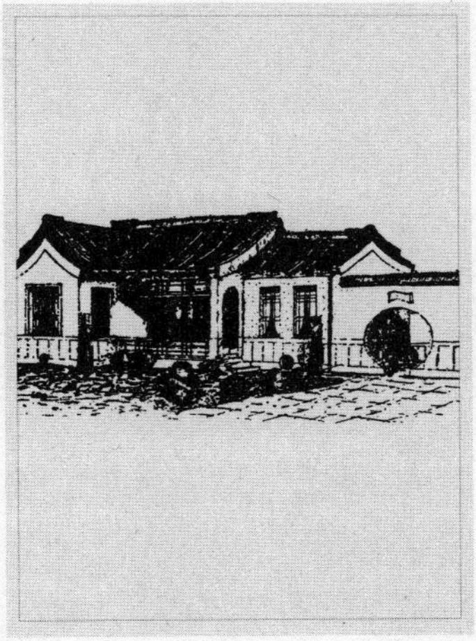

微南京

一代水工汪胡桢与南京『新村』建设

尹引 著

广西师范大学出版社
·桂林·

一代水工汪胡桢与南京"新村"建设
YIDAI SHUIGONG WANG HUZHEN YU NANJING XINCUN JIANSHE

图书在版编目（CIP）数据

一代水工汪胡桢与南京"新村"建设/尹引著. --桂林：广西师范大学出版社，2020.8
（微南京）
ISBN 978-7-5598-2838-5

Ⅰ.①一… Ⅱ.①尹… Ⅲ.①汪胡桢（1897-1989）—人物研究 Ⅳ.①K826.16

中国版本图书馆 CIP 数据核字（2020）第 087806 号

广西师范大学出版社出版发行
（广西桂林市五里店路9号　邮政编码：541004
　网址：http://www.bbtpress.com ）
出版人：黄轩庄
全国新华书店经销
广西广大印务有限责任公司印刷
（桂林市临桂区秧塘工业园西城大道北侧广西师范大学出版社集团有限公司创意产业园内　邮政编码：541199）
开本：787 mm × 1 092 mm　1/32
印张：7.125　　字数：100 千
2020 年 8 月第 1 版　2020 年 8 月第 1 次印刷
印数：0 001~5 000 册　定价：39.00 元
如发现印装质量问题，影响阅读，请与出版社发行部门联系调换。

目录

前言 001

上编 汪胡桢的多面人生 007

不忘初心的"一代水工" 009
求真务实的水利教育家 018
土木工程学翻译家 023
死而后已的出版家 027

中编 汪胡桢的房地产事业 　　　　　　　　　*033*

早期的房地产开发实践 　　　　　　　　　*035*
　　集资筹建河海工科大学新校舍 　　　　　　　*036*
　　参与嘉兴老城改造，提出"新村"建设理念 　　*039*

进军房地产业之前 　　　　　　　　　*044*
　　从同学到合伙人 　　　　　　　　　*044*
　　导淮委员会的水工历练 　　　　　　　*048*
　　与陈果夫、陈立夫等政治人物的良好关系 　*051*

从合作建房到公司运作 　　　　　　　*055*
　　合作建设良友里 　　　　　　　　　*055*
　　组建乐居房产公司，参与"首都大开发" 　*063*

乐居房产公司发展始末 　　　　　　　*066*
　　乐居房产公司的成立 　　　　　　　　*068*
　　乐居房产公司的董事及监察人 　　　　*072*
　　金陵房产建设社与乐居房产公司 　　　*076*
　　乐居房产公司的开发理念 　　　　　　*085*
　　乐居房产公司的房产开发 　　　　　　*096*
　　全面抗战期间的乐居房产公司 　　　　*098*
　　乐居房产公司的结束 　　　　　　　　*106*

下编　乐居房产"新村"探秘　　*111*

良友里初试身手　　*113*
良友里位置和基本情况　　*113*
南京历史上第一次合作建房　　*118*
附录：良友里住户名单　　*119*

梅园新村美名扬　　*129*
梅园新村位置和基本情况　　*130*
整体考证民国时期梅园新村门牌号码　　*133*
中共代表团与梅园新村　　*141*
汪胡桢——梅园新村30号的老主人　　*141*
梅园新村18号——林平一旧居　　*148*
附录：梅园新村住户名单　　*150*

桃源新村的联排公寓　　*158*
桃源新村位置和基本情况　　*159*
联排住宅式公寓　　*160*
桂永清与桃源新村　　*164*
桃源新村59号——朱希祖旧居　　*170*
附录：桃源新村住户名单　　*176*

复成新村——幸存的经典 186
  复成新村位置和基本情况 186
  房地产开发的经典之作 189
  金九与复成新村 196
  附录：复成新村住户名单 200

消失的竺桥新村 208

后记 211

前言

谈及南京,人们便会想起"江南佳丽地,金陵帝王州",总会提及其悠久的历史和灿烂的文化。当然,这些是毋庸置疑的,也是让人津津乐道、引以为豪的。不过先前的诸多历史遗存,自清咸丰之后,除了明城墙之外,留下痕迹的可能就很少很少了,而现在南京这座城市内留有最多历史痕迹的则是民国时期的建筑。

国民政府于1929年12月颁布了《首都计划》,这是中国最早的现代城市规划,也是民国时期最重要的一次城市规划。

《首都计划》出台后,南京从此兴起了持续多年的营造高潮,至1937年抗战全面爆发,现代南京的城市格局、功能分区、道路系统,以及一批公共建筑等,基本由此规划格局奠定。至今仍为人们津津乐道的国民大会堂旧址、国立美术陈列馆旧址、国立中央大学旧址、中山陵、国民革命阵亡将士公墓等公共建筑，大都建于1927—1937年所谓"首都建设的黄金十年"。

计划虽好，但那时建设经费却常常捉襟见肘，所以这十年主要建的是道路、供水等公共设施以及一批公共建筑。而南京成为首都后，人口急剧膨胀，外来的人口需要地方居住，虽然《首都计划》对住宅建设有规划，但规划相对宏观，也没有资金上的保障。实际上，住宅建设的资金大都靠市场化运作来解决。而我们发现，南京现存的民国住宅小区有很多是以"新村"来命名的，不过《首都计划》中并未提及"新村"这一概念。

在中国，最早试图建立"新村"的是一些无政府主义者。不过五四时期流行的"新村主义"具有很大的空想性，主要流于各种主义之间的争论，并没有明确形成一致的概念。更多的人把"新村"作为改造农村的一种尝试，例如杨开道的《新村建设》。不管是建在农村还是城市，这些"新村"最终都没有真正落到实处。

那么"黄金十年"的"首都大开发"中所建的这些住宅小区为何叫"新村"，这些新村都是什么人建造的，他们有着什么样的背景，又是如何进行市场化运作的，有哪些人住进了这些新村,以及新村的周边环境如何……这些都给我们留下了疑问。为此,我们非常想找到具体的案例,解开我们的一个个疑惑。

不过要找到具体的案例,却又是非常困难的。现状就是,关于这些新村的档案资料较为缺乏,甚至是没有,而相关的研究资料也不多,即使有一点,也多偏宏观,可供参考的东西较少。

我认为,要深入了解民国时期的南京城市史,搞清楚这些新村的建设等基本情况是非常有必要的,因为这是研究南京城市建筑史和街区史的基础,而建筑史和街区史是城市史的核心。城市里有建筑,建筑里住着人,如果不知城市里有哪些建筑,不知建筑里住着什么人,那么所谓的城市史研究就显得非常空洞了。就拿非常不起眼的新村住户信息来说,起码应尽可能搞清楚建筑里住过什么人。每个住户之间看似没有什么关联——当然了,这个"没有关联"只是来自主观判断——实际上他们之间有无关联,我们并不清楚。这时我们首先该做的是尽可能把住户信息列出,之后才是看这些住户之间是否有关联。因此,本书附录良友里、梅园新村、桃源新村和复成新村的"住户名单",就是为日后的深入研究留下一些反映当时居住生态的基本信息,同时也为读者留下一些想象空间。

退一步说,即使这些住户之间没有任何关联,知晓这些住户的信息也是非常必要的,须知当年南京作为首都,大量人口涌入,且大都住进了这些新建的住宅区,从移民史的角度去看,这也是值得研究的,而且这也是街区史的重要组成部分。可惜这样的研究相对还比较缺乏,导致人们对一些老建筑的定位出现了偏差。这种情况在上海、天津等口岸城市也很普遍。例如上海的常德公寓,本是一幢六层的公寓,因为张爱玲曾租住过其中的一间,现在整幢楼都被叫作"张爱玲故居"。这样的叫法是否合适,值得商榷。就常德公寓的住户信息来说,人们除了知道张爱玲,对其他住户基本一无所知,而对公寓周边的情况也是知之甚少;甚至对常德公寓建筑本身,人们的研究也并不深入。如果人们的研究再细致一点,探知张爱玲的邻居有哪些,他们之间是否有来往,公寓旁都有些什么店铺,这些店铺经营什么,有些什么时髦的物品,这些物品又是什么牌子的,公寓的住户都喜欢在什么店喝咖啡,在哪家店做旗袍,甚至知晓张爱玲的旗袍是否就在某个店做的,等等——如果研究能做到这样细致入微,这就使得这个小街区非常立体了。这样的研究多了,整个城市历史自然也就鲜活起来。应该说,从不起眼的细微处入手做整体的研究，这样的城市文化研究才会有突破，才可能深化。

我们选取汪胡桢以及南京乐居房产公司作为研究对象，就是想透过一个特别的，有人文情怀和先进理念的房产公司的发展轨迹，来看当年的"首都建设"。汪胡桢早在1927年就提出"新村计划"，他所领导的乐居房产公司在南京建设的梅园新村、桃源新村、复成新村等，应该成为从民用建筑和小社区回看"首都建设"的标本，这些不仅是难得的建筑遗产，也是难得的城市人文遗产。

本书尽力把基础研究做实，把从细微处着手研究民国社区历史的实践呈现出来，以期引起更多的注意，也为以后的进一步研究打下基础，便于与大家一起探求推进城市文化研究的方法。而让汪胡桢"重现江湖"，不仅是要重新认识他的城市建设理念，更是要挖掘和保留他和乐居房产公司打造的"新村"的历史。这样的历史是南京现代城市生活史不可分割的一部分，然而他们已被遗忘太久。我们的努力只不过是尽力接续历史，让历史的细节述说历史，让历史的细节走到前台来。

2020年1月16日于随园

上编

汪胡桢的多面人生

中编

下编

汪胡桢（1897—1989），浙江嘉兴人，中国现代水利专家，中国科学院学部委员（院士）。我国现代水利工程技术的开拓者，被水利界誉为"中国连拱坝之父"。

纵观汪胡桢的一生，他涉足了很多领域，例如水利，教育，科技图书编译、出版，房地产等，且在这些领域都展现了卓越才能，也取得了丰硕成果。但人们一般还只是关注其在水利和教育方面的成就，对其他方面则关注较少，尤其是房地产方面，几乎无人知晓。本书主要考察汪胡桢于20世纪30年代在南京创办乐居房产公司、参与"首都建设"的一段历史。不过在此之前，还是先将汪胡桢的多面人生做一下简单介绍。

不忘初心的"一代水工"

汪胡桢（1897—1989），字斡夫，号容盦，浙江嘉兴人。中国著名水利专家，中国科学院学部委员（院士），水利部原顾问、一级工程师，被水利界誉为"中国连拱坝之父"。

钱正英为《一代水工汪胡桢》所作的"前言"中这样评价汪胡桢：

> 汪胡先生是我国著名的水利专家。作为一位中国水利事业的开拓者，他背负着中华民族的忧患，培育了一代又一代的弟子，修建了一座又一座的水利工程，留下了一部又一部的科学著作。他既是一位热爱社会主义祖国的科学家，又是一位理论联系实际，不断学习、不断进取和无私无畏的科

学家。①

而汪胡桢在《回忆我从事水利事业的一生》中却自谦说："我没有什么才干，我只不过能抓住一切机会勤奋学习，学到一点切合实际应用的水利技术，能为国家做一些水利工程，教导出若干优秀的水利人才罢了。"②

汪胡桢在晚年给自己的定位是"水工"。从其在水利事业方面的经历来看，他确实是贡献巨大的"水工"。

汪胡桢于1915年9月就学于南京河海工程专门学校特科③，1917年4月毕业，是河海工程专门学校第一届毕业生。河海工程专门学校由北洋政府农商总长兼全国水利局总裁张

---

① 嘉兴市政协文史资料委员会编《一代水工汪胡桢》，当代中国出版社，1997年，前言第1页。
② 嘉兴市政协文史资料委员会编《一代水工汪胡桢》，当代中国出版社，1997年，第268页。
③ 河海工程专门学校创建于1915年，是中国第一所培养水利人才的高等学府。1924年，该校与东南大学工科合并成立河海工科大学。1937年成为中央大学水利系，1949年改为南京大学水利系。1952年，南京大学水利系与交通大学、同济大学、浙江大学的水利系科以及华东水利专科学校合并成立华东水利学院，1985年恢复传统校名"河海大学"。河海工程专门学校首设"特科"，其要求是"导淮工兴，或不及待，乃招于英文、数学诸科素有根底者，于所设科目择要教授，注重应用、实习，期以两年毕业，冀于淮役勘测、计画诸工足为工师之辅"。首届特科入学80人，1917年4月仅30人毕业。

謇[①]主导成立，主要解决当时国家水患严重却无水利建设方面专门人才的问题。

汪胡桢毕业后被分配至国家水利局，任主事、技士。此时国家水利局聘请荷兰籍水利工程师方维因制订治理海河流域五大河的水利计划，汪胡桢把方维因的计划译成中文，并提议除注重排水之外，还应该在燕山、太行两山脉水源地中修建水库，把山区洪水蓄存起来，从而减少下游平原地带疏浚等工程的工作量；之后协助方维因完成了滹沱河水库的设计。计划上报后，因北洋政府政局大变而未能实施，方维因则因与国家水利局的合约期满回国，汪胡桢也于1920年秋返回河海工程专门学校任教。

1922年7月，汪胡桢赴美国康奈尔大学，入土木工程系学习水力发电工程，为我国出国学习这一专业的第一人。1923年6月，获土木工程硕士学位。之后在欧美实习考察了十个多月，于1924年初返回南京，继续在母校任教。

早年的经历，使得汪胡桢认识到水利对于以农业为主的中国来说非常重要。为此，汪胡桢在1925年第13卷第1期

---

① 张謇（1853—1926），字季直，江苏南通人，清末民初立宪派政治家、实业家、教育家。

的《河海周报》上发表了《水利救国论》一文，阐述了兴修水利对国家的有益之处：

……夫吾国自昔为农业国，国民百分之八十犹世代为农，苟不使此多数世代为农之人仍安于为农，则社会状况必起突然之变化，故曰吾国待兴之企业固多，而农业实为最适合我国固有之根性者。……吾国幅员广则广矣，然以农田言则有

水利救國論 汪胡楨

醫國之道非一。然非基於國民固有之特性。與現時的癥結。則雖投以方藥。疾亦勿瘳。吾國現時之病徵多矣。然企業不發達。人工有過剩。實遽為其主因。蓋兩者不相調劑。於是過剩之人工。乃無可歸宿。以之常事于不經濟的生產。國民全體之富力。乃因以日削。以之投於不生產的虛耗。社會安甯乃蒙其影響。故曰醫國之道非一。苟非有以消納此過剩之人工於企業之中。則終非瘳疾之良方也。吾國待興之企業亦多矣。然非統籌國民固有之特性與現時的癥結。則紛更雖多。亦猶戕賊杞柳而為桮棬。夫吾國日昔為農業國。國民百分之八十猶世代為農。苟不使此多數世代為農之人仍安於為農。則社會狀況必起突然之變化。故曰吾國待興之企業固多。而農業實為最適合我國固有之根性者。或問曰吾國幅員至廣。遍地皆可為農田也。移人工於農用。易如反掌。乃禰鰓鰓然慮人工之過剩。窗為最適合我國固有之根性者。抑何其影響。夫吾國幅員席則廣矣。乃以農田言則有土厚水深不易庽以滋溉者。如西北邊徼等處是。有淫旱頻仍農民不獲安居樂業者。如黃淮運河叁伍錯綜之地及燕晉五大河交匯之區是。有數百年來人口日繁。然則吾國非無土地耳。乃耕之不能盡其耕。使人工有家入口日緊。然則吾國非無土地耳。乃耕之不盡盡其耕。使人工有東南諸省是。農夫一人所分之田不足膽養其家室者。如

《水利救国论》（原载《河海周报》1925年第13卷第1期）

土厚水深不易施以灌溉者,如西北边徼等处是;有潦旱频仍农民不获安居乐业者,如黄淮运河参伍错综之地及燕赵五大河交汇之区是;有数百年来人口日繁,地不加辟,农夫一人所分之田不足赡养其家室者,如东南诸省者是。然则吾国非无土地耳,乃耕者不获尽其耕,使人工有过剩之虑,亦实逼处此耳。

今欲调剂人工与农田之不平,惟有自兴修水利始。积极方面则举办西北边徼等处灌溉工程,使田地无高下,咸获粪溉之利;消极方面则治理各省河道,使旱潦有备,不为生命财产之厄。水利既兴修矣,东南过剩之人工,乃有归宿之余地。百年未尽之力,均成财富之泉源。国民富力之增进,社会安宁之确定,胥基于是矣。

1915—1927年,汪胡桢主要处于水利专业知识的积累阶段,但由于政局动荡,所学知识并无用武之地。

从1927年11月起,汪胡桢开始在水利方面施展才能。先是出任太湖流域水利工程处总工程师,在太湖流域各处设立雨量站及水文站,又搜集太湖流域的各种地形图,绘制总图,疏浚了苏州河的浅段,保持了苏州到上海间的航运畅通。后于1929年1月任浙江省水利局工务处处长兼副总工程师,采用欧美先进技术，使得塘缝封闭，从而解决了钱塘江石塘附土流失问题，也使石塘更坚固，节省了每年的维修费用。

淮河常年的水患，对国民政府控制的淮河下游地区危害极大，而此区域在国民政府的经济发展中地位十分重要，为此，国民政府决定成立导淮机构，开始治理淮河。1929年7月1日，导淮委员会在南京正式成立，蒋介石兼任委员长。汪胡桢调任导淮委员会工务处设计组主任工程师，着手编制《导淮工程计划》。

《导淮工程计划》主要包含排洪工程、灌溉工程、航运工程、农田水利工程以及发电建设等内容，是中国现代水利史上第一部完整的流域规划。导淮工程也是民国时期全国最大的基础设施建设工程，不过因1937年全面抗战爆发而被迫中止，如今我们仅能从江苏省扬州市江都区的邵伯船闸看到一点当年的遗存。邵伯船闸即为汪胡桢所设计，除此之外，他还设计了淮阴船闸、刘老涧船闸。这三座船闸于1949年后多次改造升级，现仍在京杭大运河江苏段起着重要作用。

汪胡桢还注重水利法规及与之配套的水利管理各项专业规章制度的建设，其于1931年2月代表水利界在全国内政会议上提交了《编订水利法规，而免阻碍水利发展》的提案，使得水利立法正式列入国家立法议事日程。

利用英国退还的庚子赔款,国民政府于 1934 年 3 月开工建设邵伯、淮阴、刘老涧船闸。如今邵伯还留有一点民国老船闸的遗迹,露在水面上的钢板桩看似很不起眼,但对照 1935 年的照片,可以想象当年建设时的情景是多么壮观

"苏省导淮工程,预算于两年内完成第一期之工程,计经费二千万元,工人十四万名,工程之浩大,可见一斑。上图为邵伯船闸兴建时之情形"(原载《良友》1935 年第 106 期)

1934年6月,汪胡桢任全国经济委员会水利处简任技正、设计科长,统筹全国水利工程规划和设计,直至1937年抗日战争全面爆发。

1934年1月至1935年6月,汪胡桢还出任七大水利机构联合组成的整理运河讨论会总工程师。此七个机构为:华北水利委员会、黄河水利委员会、交通部扬子江水道整理委员会、导淮委员会、山东省建设厅、江苏省建设厅、浙江省建设厅。讨论会提出整理运河存在的主要问题是贯穿河北、山东、江苏、浙江四省的南北大运河久失修治,不能全线通航。汪胡桢与助手戴祁两人,以一年半的时间,从杭州出发,沿运河步行查勘,直抵北平,写出《整理运河工程计划》,提出整理运河工程计划六段(平津、津黄、黄淮、淮江、镇苏、苏杭)分治方案,并自费印制成书,送交讨论会。

由于全面抗战的爆发,《整理运河工程计划》也并没能实施。但因汪胡桢已有做此计划的名气在,大汉奸殷汝耕于1944年春,胁迫汪胡桢允任整理京杭大运河的总工程师。汪胡桢自然不肯,旋即携眷离开上海,由杭州转赴安徽屯溪,直至抗战胜利后方返回上海。

因为水利方面的成就,汪胡桢入选1948年中央研究院首届院士选举的150位候选人名单,但未能成为最后的81

位院士之一。

不过汪胡桢在水利方面更重要的成就是在1949年以后取得的。其先是出任华东军政委员会水利部副部长、淮河水利工程总局副局长、治淮委员会委员等职,于1950年制订了治理淮河的总体计划——《关于治淮方略的初步报告》(简称《治淮方略》)。《治淮方略》主要包括治淮问题的由来、淮河流域的特征与演变、洪水流量的分配及控制、山谷水库、润河集蓄洪工程、中游河道整理、洪泽湖蓄水工程、入江水道等八部分内容,是中华人民共和国成立后关于淮河流域的第一份治理计划。其主导思想也由民国时期的"导淮"转变为"治淮",从而开启了之后淮河流域二十多年的治理序幕。

1951—1954年,汪胡桢任佛子岭水库工程指挥部总指挥,主持建造佛子岭水库。佛子岭水库被誉为"新中国第一坝",是中国第一座,也是亚洲第一座大型钢筋混凝土连拱坝工程。之后其又在梅山水库建成了当时世界上最高的连拱坝,使我国的筑坝技术达到国际先进水平,提高了我国水利工程技术在国际上的威望和影响,汪胡桢由此获得"中国连拱坝之父"的美誉。

1955年,汪胡桢被聘为中国科学院技术科学部学部委员(院士)。

求真务实的水利教育家

汪胡桢的教育成就主要也是在水利方面。

1950年前,汪胡桢有大约七年的执教经历。而1950年后,尤其是1960—1978年,汪胡桢任北京水利水电学院[①]院长长达十九年,为我国的水利行业培养了大批人才。1978年后,汪胡桢任华北水利水电学院名誉院长。

汪胡桢于1917年4月毕业后入职国家水利局,但1919年后,基本无事可做,便于1920年秋返回南京,在河海工程专门学校任数学教授。执教两年后留学美国康奈尔大学,再于1924年初回国,复任河海工科大学教授。这次除了基础课数学之外,他还挑起了力学、水工学等专业课的教学

[①] 北京水利水电学院于1969年迁至河北省磁县岳城水库办学,1971年更名为河北水利水电学院。1977年迁至河北省邯郸市办学,1978年更名为华北水利水电学院。1990年迁至河南省郑州市办学,2013年更名为华北水利水电大学。

重担。

河海工程专门学校建校时,我国除建设了少数铁路与矿山外,很少有现代化工程,以至于现代技术和基础科学方面的书籍还很稀少,水利科技书籍更是一本都找不到。当时,学校向美国购买了一部分书籍,李仪祉、汪胡桢、郑肇经等教师也为学校购置了一些古代水利书籍及地方杂志,但教材仍然比较紧缺。学校只好用外文教材以济急需,并组织教师自编中文教材。汪胡桢编写了多种教材(主要为数学、土木、水利等方面),这些教材后来都收入他主编的《中国工程师手册》中。

汪胡桢非常注重先进的西方水利科学知识的引入。留学美国期间,他委托美国内务部水利股代制美国水利工程电影一卷,名"Story of Water",最初译为《水的故事》,后改译为《水利兴国记》,"述美国测验河川之状况与伟大蓄水坝、水力发电场暨灌溉工程之真象";此片带回国后,在学校多次放映,反响强烈,"风景之幽丽,工程之伟壮,尤令人一见不能忘"。[①] 仅1926年,汪胡桢向学校介绍的美国水力学

---

① 仲维畅:《汪胡桢先生与母校河海》,载嘉兴市政协文史资料委员会编《一代水工汪胡桢》,当代中国出版社,1997年,第15页。

研究项目，就有29项之多。

1927年3月，北伐军占领南京，河海工科大学校舍被据为"总司令部"，学校无法复课。后国民政府要将河海工科大学等九所学校合并为第四中山大学（即后来的中央大学），遭到师生的反对。汪胡桢由此离开南京，返回嘉兴老家。至此，汪胡桢早年的执教生涯告一段落。

从1927年起，汪胡桢主要在各水利机构任职，直至1949年8月应浙江大学校长马寅初之邀，才又重拾教鞭，任土木系教授。

不过汪胡桢在这中间的二十余年里，仍然做了不少培养水利人才的事情。例如其任全国经济委员会水利处设计科长期间，向处长茅以升，副处长郑肇经、张含英等建议，利用工赈余款培养水利人才。后经秘书长秦汾批准，以汪胡桢为主考官，录取严恺、张书农、王鹤亭、伍正诚、粟宗嵩、徐怀云、薛履坦等，分别派往英、美、德、法、荷兰等国留学，这些人后来都成为我国卓越的水利专家。

汪胡桢在重视人才培养的同时，还注重试验室的建设。还是任设计科长期间，他利用庚子赔款，特聘荷兰水工模型专家万胡佛在南京清凉山麓创设中央水工试验所，规定必须对所有水利工程计划加以研究并试验改进。现今由水利部、交通运输部、国家能源局联合领导的南京水利科学研究院就是由1935年的中央水工试验所演变而来，地点仍在清凉山麓。经过八十多年的发展，南京水利科学研究院已建设成为面向国内外的综合性水利科学研究机构，兼有应用、基础和开发研究，承担水利、水电、水运工程和其他有关工程中方向性、关键性和综合性的科学试验研究任务，以及理论和管理方面的研究，也是水利部大坝安全管理中心和基本建设工程质量检测中心。

汪胡桢的执教经历与其水利事业经历交叉进行，但也有重叠之处，尤其是他在1951—1954年组织的"佛子岭大学"学习班更值得一书。

1951—1954年佛子岭水库建设期间，技术室的全体人员和工务处的部分人员自动组织学习班，每晚在指挥部会议室里上课。这个学习班被称为"佛子岭大学"，汪胡桢为"佛子岭大学"校长，当年随其勘测运河的助手戴祁为教务长。戴祁把各人带来工地的技术书籍收集起来，编号入册，放在技术室的木柜里，成立"图书馆"。汪胡桢的图书资料最多，例如，有他留学时参加过设计与施工的美国佐治亚州摩根水电站与大坝的图纸，还有其收集的美国田纳西流域总署和垦务局有关水工建筑物的资料，以及他主编的《中国工程师手册》等，大家都争相借阅。

"佛子岭大学"的课程都和佛子岭建设密切相关，都是当时各大学所没有的。所上课程，先由教务长和教师约定，准备教材，油印出来，讲授日期则用海报公布出来。学生自动来听课，上课时既不点名，也不计出席人数，但几乎没有一个人缺席过一堂课。汪胡桢主要讲授"坝工设计通则"。

"佛子岭大学"后又规定，凡担任的设计任务告一段落时，设计者应在学习班上做汇报，说明设计的原则与成果，并听取大家的批评意见。

这种边工作边学习、互相交流技术知识的方法，使得这群求知欲望强烈的年轻人受益匪浅，也培养出许多知识比较全面的技术人员。佛子岭工程完工后，这些人又参加梅山、响洪甸、磨子潭等水库的建设，最后分散到全国各处水利水电建设机构工作，均成为技术骨干。"佛子岭大学"为我国培养了一大批人才，也使得"佛子岭精神"随之发扬光大。

土木工程学翻译家

汪胡桢的翻译之路始于1917年,丁文江[①]将汪胡桢介绍给英国矿业工程师柯立治,帮助翻译英国出版的《中国矿业论》。汪胡桢将此书译成中文,由上海商务印书馆出版。

《中国矿业论》的书名由梁启超题签。当年汪胡桢仅20岁出头,何以能请到梁启超题写书名,这可能和汪胡桢高小时的一段经历有关。

汪胡桢在《回忆我在中学时代》中有如下叙述:

> 我在高小时,作文总不好,即使搜索枯肠也写不满

[①] 丁文江(1887—1936),江苏泰兴人,地质学家、地质教育家,是中国地质事业的奠基人之一。创办了中国第一个地质机构——中国地质调查所,领导了中国早期地质调查与科学研究工作,又在该调查所推动了中国新生代、地震、土壤、燃料等研究室的成立。

《中国矿业论》由商务印书馆于1918年出版，书名由梁启超题签（中国矿业大学图书馆藏书）

一二百字，而且内容千篇一律，不外乎"自古以来，什么什么"开的头，用"由此观之，什么什么"收个尾。一天，我们班里来了一位寄读生，叫郁文通，是浙江富阳人。他给我看了他的作文簿，每篇都洋洋洒洒好几百字，而且文思如涌，层出不穷，使我钦佩不已。相处稍久，始知他很得力于梁启超所编《新民丛报》。从此,我始喜觅读梁启超的文章,并曲意模仿,思路也就较前宽广了。1938年在上海和高小同学朱大可时相过从,从他的谈吐中,始知郁文通即是蜚声文学界的郁达夫。我投考中学被列榜首,我看是得郁文通的启发所致。①

汪胡桢到国家水利局工作是1917年,而梁启超于1917年底退出政坛,主要从事教育和学术研究,此时一位儿时就崇拜他的好学青年汪胡桢找到他,并请他为《中国矿业论》题写书名,这样的可能性极大。

1937—1941年,中国科学社总干事杨孝述请汪胡桢约集几位在上海的学者筹设编辑部出版图书,顾世楫任编辑部主任。以汪胡桢为主译,汪胡桢、顾世楫等人首先翻译了美国新刊《实用土木工程学》丛书,自此开始了土木工程学编译生涯。该丛书共有12卷,分别是《静力学及水力学》《材料力学》《平面测量学》《道路学》《铁路工程学》《土工学》《给水工程学》《沟渠工程学》《混凝土工程学》《钢

---

① 嘉兴市政协文史资料委员会编《一代水工汪胡桢》,当代中国出版社,1997年,第195页。

建筑学》《房屋及桥梁工程学》《土木工程规范及契约》。

汪胡桢又组织人员，以他为主译，翻译了奥地利工程师旭克列许所著的《水利工程学》英文本2册，分订成5卷出版，共11编，分别是气象学、水文学及水力学、土壤学及土力学、材料学、给水工程学、沟渠工程学、闸坝工程学、水力发电工程学、农田水利工程学、河工学、渠工学。附图2000余幅。

这些可谓当时国外最先进、专业性极强的科技图书，无疑是我国所亟需的，其价值也是巨大的。

死而后已的出版家

汪胡桢在出版方面的成就主要也是在水利工程方面,尤其是大型工具书,以及专业学术期刊的出版。

汪胡桢自1920年返回南京,在河海工程专门学校任教,同时还担任学校出版部总编辑一职,主要编辑《河海周报》和《河海月刊》,积累了丰富的编辑经验。

中国水利工程学会于1931年4月22日成立时,汪胡桢为理事并兼任出版委员会委员长。中国水利工程学会是中国水利界第一个具有学术权威性的组织,其会刊《水利》自1931年至1948年,累计出刊15卷89期,其中汪胡桢主编了自1931至1937年的13卷75期。

汪胡桢在《水利》创刊号《编辑者言》中写道:"吾国水利工程界同志,向无联络之机会。各学其学,各事其事,彼此不相闻问,淡然若忘其为一国兴利弭灾之急先锋者,此

《河海月刊》于1917年11月创办,内容主要包括学术论著、问答质疑、调查报告、校闻纪事、师生通讯、插图丛录、工程译文和文艺作品等(上海图书馆藏书)

吾同志之过也。今幸吾同志及时自觉,有中国水利工程学会之组织,并首先谋及出版月刊,使吾同志之所思所学所事所成就,皆得藉本刊以表见。学理因切磋而益显,事业因互助而益宏,行见中国水利学问与事功均因时而俱进,则此刊为不虚矣。"阐述了他通过办刊使学问与事功俱进的出版思想。

为保存中国古代水利文化典籍，汪胡桢与吴慰祖一起编辑出版了《中国水利珍本丛书》共两辑，计十一种。

第一辑七种：
[元]沙克什《河防通议》
[元]欧阳玄《至正河防记》
[明]刘天和《问水集》（附《黄河图说》）
[明]潘季驯《河防一览》
[清]康基田《河渠纪闻》
[清]丁显《复淮故道图说》（附《请复河运刍言》）
[民国]赵尔巽等《清史稿·河渠志》

第二辑四种：
[清]李世禄《修防琐志》
[清]李大镛《河务所闻集》
[清]靳辅《靳文襄公治河方略》
汪胡桢、吴慰祖辑《清代河臣传》

另有《行水金鉴》和《续行水金鉴》，因篇幅较多，汪胡桢和商务印书馆商妥，刊入《万有文库》中。

太平洋战争爆发后，汪胡桢在上海组织成立厚生出版社，

《中国工程师手册》由厚生出版社于1944年出版,有两种版本,一种是3卷的精装本,一种是40本的单行平装本。图中的《中国工程师手册》为商务印书馆1947年12月第一版,汪胡桢一人的写稿字数占这3卷的一半

并邀请一部分土木系教师在中国科学社开会,决定编纂《中国工程师手册》。《中国工程师手册》是我国第一部大型工程技术工具书,由汪胡桢任主编,最初确定先编基本、土木、水利三卷,再编机械、电机、化工、纺织四卷[①],计划要出

---

① 汪胡桢在《回忆我从事水利事业的一生》中注明是"机械、电机、化工、纺织"四卷。

十二卷[①]，最终出版了基本、土木、水利三卷，完成了机械、电机、化工、纺织四卷的组稿，由于汪胡桢为躲避殷汝耕的威逼而离开上海，后面四卷未能出版。

1977年9月，汪胡桢在"文革"期间写作的《水工隧洞的设计理论和计算》一书由水利电力出版社出版，郭沫若为此书题签书名。1985年3月，由汪胡桢倡议、水利电力部领导决定，为适应社会主义现代化建设需要而组织编写的《现代工程数学手册》第一卷，由华中工学院出版社出版。《现代工程数学手册》共五卷，汪胡桢为主编。第一卷于1979年初开始编写，汪胡桢编写其中的第一编"数及数的运算"，第二编"代数"，第三编"几何"，第四编"三角"，第五编"解析几何"。《现代工程数学手册》第二卷于1986年8月出版，第三卷于1988年8月出版，第四卷于1987年11月出版，第五卷于1990年8月出版。而汪胡桢还没来得及等这套书完全出版，便于1989年10月13日在北京逝世。

---

① 汪胡桢在1944年出版的《中国工程师手册》"绪言"中注明"十二卷"分别是：基本、土木、水利、电力、电信、机械、原动力、航空、采矿、冶金、化学工程、纺织染。

上编

中编

汪胡桢的房地产事业

下编

作为一位水利专家，汪胡桢却在20世纪30年代投入房地产行业，参与了南京轰轰烈烈的"首都大开发"建设，甚至成为当时南京最大的开发商，在房地产开发方面展现了卓越的才能。他先后开发了良友里、梅园新村、桃源新村、复成新村、竺桥新村等一系列"新村"，成就了很多经典，给南京留下了众多宝贵的民国建筑。这些新村，是从民用建筑和居民社区回看"首都建设"的标本，不仅是难得的建筑遗产，也是难得的城市人文遗产。那么，是什么原因导致汪胡桢进入房地产行业？其又有着怎样的开发理念？……这些都让人感到好奇。

早期的房地产开发实践

有资料认为，民国时期中央大学建筑系是中国现代建筑学科的发源地。例如东南大学建筑学院网站"历史沿革"中就有如下介绍："东南大学建筑学院前身为原国立中央大学建筑系，创立于1927年，是中国现代建筑学学科的发源地。"

不过中央大学成立较晚，1915—1927年间，河海工程专门学校就已在南京，乃至全国都有着重要地位。1924年，河海工程专门学校与国立东南大学工科合并成立河海工科大学，仍然隶属于国家水利局，茅以升任首届校长。

1927年3月，北伐军攻占南京。6月，国民政府教育行政委员会颁布大学区制，决定先自江浙两省试行。故此，以国立东南大学为基础，与河海工科大学、上海商科大学、江苏法政大学、江苏医科大学、南京工业专门学校、南京农业学校、苏州工业专门学校、上海商业专门学校等江苏境内公立学校合并,改组为"国立第四中山大学",河海工科大学师生被编入土木工程系。1928年2月,第四中山大学又改名为"国立江苏大学"。5月,再改名为"国立中央大学"。苏州工业专门学校建筑科第三、第四班学生成为中央大学建筑系第一、第二届毕业生。

南京城的建设,并不是从国民政府定都南京以后才开始的,例如著名的中山陵的建设,实际上从1925年就已经开始了。而中山陵的建造者中,就不乏河海人的身影,且起着非常重要的作用。

汪胡桢在城市建设规划方面也是颇有实力,他于1927年所著《嘉兴城市之改造》与国民政府的《首都计划》有很多相似之处。《首都计划》虽以美国建筑师亨利·墨菲、古力治为顾问,但吕彦直也贡献了很多智慧。而汪胡桢和吕彦直均毕业于美国康奈尔大学土木工程系,早年的学习经历,对他们后来做城市建设规划,应该也起到了一定的作用。

集资筹建河海工科大学新校舍

汪胡桢与建房结缘,还得追溯到20世纪20年代河海工科大学集资建校舍。

由于河海工程专门学校是当时国内唯一没有固定校址的

高等学府，创建以来迫于经费，或借或租校舍，五易其址（先是江苏省议会会址，继而是南京高等师范学校一字房、大仓园、上江公学、絜漪园）。

每次迁址，学校的工程实验室也都要迁移重建。汪胡桢则是"建筑工程实验室委员会"的三位委员之一，"担任计画、指导之责"[①]，"草就工程实验室建筑图样并估算……"[②]。

几次迁移之后，学校的教职员工打算自筹资金建设固定的新校舍。筹资建校行动从1926年10月开始。先是选取教职员工三人（李仪祉、刘梦锡、汪胡桢），以及毕业同学会三人（许心武、朱浩、丘葆忠），加上校长杨孝述，组成"河海工科大学筹建校舍委员会"，汪胡桢担任会计一职。委员会计划先在絜漪园（第五校址）附近购买地基，并做实测和规划。然后拟定校债发行章程，分两千五百股，筹集校舍公债两万五千元。

发债筹资进展很顺利，1926年11月8日的《河海周报》报道："认股踊跃：杨允中，三百股；李宜之，七十股；……汪幹夫，一百股；……许介忱，八十股；……刘梦

---

① 1926年1月18日《河海周报》。
② 1926年2月1日《河海周报》。

锡，五十股；……"

杨允中，就是杨孝述，当时为河海工科大学校长，后长期担任中国科学社总干事。

李宜之，就是李仪祉，河海工程专门学校成立时的教务长，曾任陕西省水利局局长、国立西北大学校长、导淮委员会总工程师等职，是中国水利工程学会主要创始人、首任会长，我国著名水利学家、教育家。

许介忱，就是许心武，河海工程专门学校特科毕业，当时为物理实验教授，后任导淮委员会主任工程师、国立河南大学校长、黄河水利委员会总工程师、中央大学水利系主任等职，是我国著名水利学家、建筑学家、教育家。许心武任河南大学校长的两年多时间里，调整和补充了校园整体规划，并提出建设大礼堂。大礼堂规模之大、结构之先进，在当时的中国仅广州中山纪念堂可与之媲美，堪称近代建筑艺术精品。

刘梦锡，早年从陕西公费留美学习土木工程，同盟会会员。河海工程专门学校成立时，刘梦锡应李仪祉之邀任教授，主讲建筑工程。而筹资建河海工科大学校舍时，中山陵园也正在建造，刘梦锡具体负责建筑工程。之后刘梦锡还是国民革命军阵亡将士公墓的总监工。现中山陵景区的众多精美建筑，都倾注了刘梦锡的心血。

1926年11月15日的《河海周报》报道："……校舍布置图已由李宜之、刘梦锡、汪幹夫诸筹备委员与杨校长共同商妥大致……"

但由于北伐军的到来，国民政府将河海工科大学并入第四中山大学，李仪祉、许心武、汪胡桢等人相继离开，而杨孝述只身就任中央大学秘书长，实际上河海工科大学也就不复存在，筹资建校舍一事也就不了了之了。汪胡桢的第一次建房就此遗憾结束。

参与嘉兴老城改造，提出"新村"建设理念

汪胡桢于1927年初返回家乡——浙江嘉兴，应嘉兴县拆城筑路委员会主席陆初觉的邀请，任该委员会常务委员。拆城筑路委员会由一批德高望重的地方人士和规划专家组成。

嘉兴地处上海、杭州、苏州三地的中间地带，距这三地都只有七八十公里，地理位置优越，水路、陆路交通四通八达，且风景优美，教育、工商业都较为发达。但自沪杭铁路开通后，嘉兴的富户人家因羡慕上海生活的便利，陆续外迁，而在外创业的人也不愿回家乡，导致嘉兴的城市发展缓慢。另由于有了铁路，人们开始在车站附近购地，但不善规划市场,很多地方只能任其荒废。

嘉兴的有识之士认为嘉兴市政建设缓慢,主要是人才及资本外溢所致,所以提倡"建设新嘉兴"的运动,对嘉兴老城进行改造。并认为改造以后,城市的环境更加秀美,必然吸引沪杭居民而成为一大住宅城,到那时,嘉兴的工商业也必然会蒸蒸日上。

汪胡桢负责起草了拆城筑路委员会的《组织大纲》,先是物色聘任工程师及测绘员,后会同中学同学、此时已是东南大学教授的陆志鸿一起,对嘉兴城作了测量,并形成计划书。计划书的内容主要包括城垣测量、土地测量、拆城计划、筑路计划、水电计划。其中的"筑路计划",计划筑路分沿城商场路与"新村"道路两种,路基内均设下水沟。而"水电计划"则明确就是为供给"新村"水电而设计的。

1927年8月初,计划书由省政府批准,开始向社会公开招标,启动第一阶段的拆城工程。至年底,苏州石永顺泉记、常厚记得标,包拆第一期城垣并建筑该段沿城道路。汪胡桢运用科学管理的办法,将第一期拆城筑路工区分为12个小区,其中第1区至第6区划给石永顺泉记承包,第7区至第12区划给常厚记承包,对承包人的各项责任一一做出规定,照章执行。

汪胡桢在《嘉兴城市之改造》中提出的"新村计划"，已经非常具体。有别于农村的"新村"，汪胡桢所谓的"新村"扎根在城市中，注重周边生活配套设施和人文环境的建设，其对新村的道路、电力、消防、排水等都做了规划。

"新村计划"中对购地人提出了明确的建房要求，并把新村中央的一块地作为"模范住宅区"，规定模范住宅区内不得有三座房屋互相毗连，其余地段房屋每毗连五间必须有隔火墙隔断，还规定所有房屋的式样及材料均须经委员会核准。汪胡桢甚至自创了一个计算地价的数学公式，将面积、地块的长短、方向系数等都予以明确，再辅以一定的常数，计算起来非常方便。

(四)屋前人行路须由建屋人依照规定式样用水泥混凝土建筑之.

为估定各建屋地段之地价起见,曾由著者拟定次之公式,作为定价之标准：

$$P = K\sqrt{A}\left(L_1 + \frac{L_2}{3}\right)D$$

式中 P 为地价,以银元为单位.

A 为面积,以平方尺计.

L_1 为临街各边中之最短者,如仅一边临街,则 L_1 即为临街之边之长,以尺为单位.

L_2 为其余临街各边长之和,以尺为单位.

汪胡桢所创地价计算公式

对于新村的生活配套设施,计划中"指定若干地点以便建设商场、小菜场、电影院、国民学校等公共建筑,凡是为新村居户增进衣食住行之便利者,盖莫不预为设置也"[①]。

不过汪胡桢在家乡的城市建设事业也并没有持续多久,就因工作的变动而中止了。1927年11月,汪胡桢应时任太湖流域水利工程处处长沈百先之邀,赴苏州,任太湖流域工程处总工程师。1929年1月,应浙江省水利工程局之邀,又赴杭州,任浙江省水利局工务处处长兼副总工程师。

因此,汪胡桢的嘉兴城改造计划也只是开了个头,其"新村计划"也未能真正实施。不过不得不说,正是这些"半途而废"的实践,为其几年后在南京实现"新村梦想"打下了坚实的基础。

---

① 汪胡桢:《嘉兴城市之改造》,《浙江》1928年第1卷第6期。

1927年11月,由沈百先签署的太湖流域水利工程处委任状,汪胡桢被委任为总工程师(汪胡桢女儿汪胡炜提供)

进军房地产业之前

民国时期的中国，军阀混战，社会动荡，此时在首都开发房地产，如没有超凡的专业技能和过硬的社交能力，其中的难度可想而知。因此，我们有必要对汪胡桢的学习和工作经历，他的同学、同事及社交圈做进一步的了解，由此来探讨他进军房地产业的机缘和助力。

从同学到合伙人

河海工程专门学校是我国第一所水利工程高等学府，也是辛亥革命后南京第一个公开招生、上课的公立高等院校，办校经费由冀、鲁、苏、浙四省分担。当时，学校在报纸上刊登招生广告，说明直鲁苏浙的学生免收学费，毕业后分配去导淮工程组织机构中工作。这样的优厚条件，吸引了汪胡桢等一大批品学兼优的学生前来报考。

1917年4月,首届特科入学的80名学生中,仅30名最终得以毕业。成绩位列前三的顾世辑、汪胡桢、吴树声按校章保送到国家水利局任职,其他大都被分配到冀、鲁、苏、浙四省的水利机关。首届特科的毕业生品学兼优,实际工作能力强,以后大都成为我国水利方面的顶尖人才。

1923年6月,汪胡桢自康奈尔大学获硕士学位后,在施工中的美国摩根瀑布水电站学习和实习了十个月,对大坝、隧洞和水电站厂房的图纸和设计资料中的数据进行校核,并为设计中的锯凿山水电站混凝土坝进行坝的应力计算,以及做进水口的设计工作。之后汪胡桢遍游美国各流域,参观其闸、坝、堤、渠,并于返国时道经欧洲,参观了英国、法国、比利时、荷兰、德国、瑞士等国的先进水利工程,于1924年初返回南京。

1926年4月12日,汪胡桢在《河海周报》上刊登了如下启事:

兴办水电工厂者注意

水力为天然利源,欧美谥之曰"白色煤矿",可利用之,以发生电力,转动机械。国人倘欲创办是项事业者,鄙人能代为规画、估计，并向欧美名厂代办所需机械。

汪胡桢启
通讯处：南京河海工科大学

汪胡桢全家在南京合影（摄于1934年，汪胡桢女儿汪胡炜提供）

此时汪胡桢从康奈尔大学留学归来已近两年，发布此启事，说明他急切地想把所学知识应用到实际工作中去。

这时的汪胡桢在大型工程的规划设计方面已经有了非常丰富的知识储备，加之后来筹建河海工科大学校舍，以及规划嘉兴城的改造等经历，从专业角度看，汪胡桢投身房地产行业已没有任何问题。

而其后来组建的乐居房产公司的投资人大都是其在河海工程专门学校上学时的同学或任教时的同事，公司成立时，这些人也大都在导淮委员会任职。

其中须恺、萧锦培（萧开瀛）是汪胡桢在河海工程专门学校首届特科的同学，而须恺更是导淮委员会的副总工程师。陈和甫曾任南京市政府工务局局长，后任导淮委员会工程处技正。而冯毓棻则是导淮委员会总务处科长。

他们在水利专业方面都颇有建树，尤其须恺、林平一和汪胡桢，在20世纪50年代，是我国水利电力系统为数不多的一级工程师，而当时全国水利电力系统的一级工程师不足十人（对应于教学系统为一级教授，研究系统为一级研究员，而技术系统就是一级工程师）。

有人说，乐居房产公司就是由一群科技精英组建而成的，这样的说法丝毫也不夸张。而汪胡桢能进军房地产业的关键因素是得到了许多同学的帮助,找到了志同道合者,最终得以通过公司形式集体转向房地产经营。

导淮委员会的水工历练

如果说在同学中找到志同道合者,解决了人员和组织的问题,那么此前这些同学在导淮委员会的水工历练,则使得他们加盟乐居,是带"艺"而来,是带着专业技术来加盟,这就解决了技术问题。因此,我们有必要大致了解一下导淮委员会的历史及汪胡桢等人在该委员会的任职经历。

被誉为"中国近代两位水利导师"之一的张謇(另一位是李仪祉),从光绪二十九年(1903)起,直到其于1926年去世止,为"导淮"奔走二十余年,他所主张的导淮计划,基本都落空了,但是他为导淮花费的心血和做出的成绩有目共睹,也为之后的导淮、治淮打下了坚实的基础。

1928年9月,国民政府在经济建设委员会设立整理导淮图案委员会,接收运河工程局保管的张謇导淮的有关资料,并收集整理清末、民初各种导淮计划、图表等。

经济建设委员会的秘书长是陈立夫。委员会聘请李仪祉为整理导淮图案委员会主任委员,沈百先、林平一、许心武为委员。李仪祉、沈百先、许心武皆出自河海系,而林平一虽毕业于北洋大学，不属于河海系，但他在美国康奈尔大学及爱荷华大学留学的时候，与沈百先同学两三年，回国后，又到以河海工科大学为前身的中央大学土木工程系任教两年，故其与河海系也是颇有渊源的。

至1929年4月，整理导淮图案委员会的全部整理工作完毕，委员们编写了《整理导淮工程图案报告书》，作为成立导淮机构的前奏。

1929年6月20日，蒋介石组织召开导淮委员会第一次会议。7月1日，导淮委员会在南京正式成立。委员会直属国民政府，其任务是"掌管淮河流域测量，改良水道，发展水利及一切筹款、征地、施工事务"，淮河流域所辖的河南、安徽、江苏、山东四省的治淮事业，按工区设立工程局、处，由导淮委员会直接领导。

导淮委员会由国民政府特派或简派的委员长、副委员长、常务委员、委员若干组成。蒋介石兼任委员长，黄郛为副委员长，陈其采、陈仪、陈辉德、段锡朋、陈立夫为常务委员，吴敬恒、张人杰、赵戴文、吴忠信、麦焕章、李仪祉、王震、庄嵩甫、杨永泰、沈百先、许世英、陈懋解、沈怡等为委员。从导淮委员会的委员组成不难看出这个机构在国民政府中的地位。

副委员长黄郛长期未到任，先由陈其采代理，后由庄嵩甫代理。1932年7月，庄嵩甫辞职，由陈果夫继任。

导淮委员会内设总务、工务、财务三处。陈其采兼任财务处处长，李仪祉兼总工程师和工务处处长，杨永泰任总务处处长，须恺为副总工程师。工务处下设计与测绘两组。1932年增设土地处，由萧铮任处长。

最初工务处设计组的主任工程师是许心武，汪胡桢和林平一都是工程师。但对导淮计划"入江"还是"入海"，许心武主张入海，而汪胡桢主张入江，后来从工费考虑，上层决定以入江为主，入海为辅。于是许心武辞职，而由汪胡桢接任主任工程师。1931年10月，汪胡桢被调离，任国民政府救济水灾委员会第十二工赈局局长兼皖淮工程局主任工程师，由林平一接任导淮委员会工务处设计组主任工程师，此后导淮委员会的工程设计就主要由林平一负责。

虽然导淮委员会汇集了众多顶尖的水利专家，无奈由于20世纪20—40年代的中国，先是军阀混战，后是日本的入侵，所以最终建成的水利工程是非常有限的。即使1937年前完成了一部分水利工程（由于缺少经费，工程也相对较小），经历八年全面抗战，也大都被毁。也就是说，汪胡桢等人虽有一颗水利救国心，但糟糕的外围环境，使得其抱负无法得

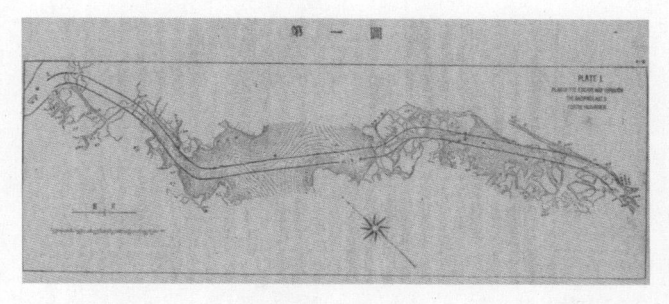

汪胡桢于1929年所作《导淮经高宝湖入江之研究》，以最为节省的办法将洪泽湖排出的洪水另辟"水道"排入高邮湖，再经邵伯湖入长江（原载《水利》1933年第5卷第2期）

到实现。倒是无力导淮之余组建的乐居房产公司，反而为南京留下了一些经典的建筑。

与陈果夫、陈立夫等政治人物的良好关系

乐居房产公司的主要投资人大都与导淮委员会有较深的关联。说起导淮委员会，就不得不提及陈果夫的陈氏家族。

首先是陈其采。陈其采是陈其美的弟弟，陈果夫、陈立夫的叔父。不过陈其采早于其二哥陈其美起步，早年赴日留学，曾为驻沪新军统带，负责上海治安。陈其美后来是受陈其采的影响和资助，才去日本留学的。驻沪期间，陈其采在上海建立了广泛的社会关系网，尤其与洪帮交好。后来陈其美在上海从事革命活动，得到洪帮等的大力支持，这些都源于陈其采与上海帮会势力的密切关系。

导淮委员会成立后，蒋介石只是挂名委员长，并不过问导淮委员会的事务，而副委员长黄郛对导淮也不热心，从未到任履职，故由陈其采任代理副委员长，主持导淮委员会的实际工作。

其次是沈百先。沈百先是当时国民政府水利方面的核心人物。他是陈果夫的妹夫、陈立夫的姐夫，与汪胡桢同一年（1915年）进入河海工程专门学校学习，后赴美留学。沈百先回国后，长期掌控国民政府的重要水利机构。导淮委员会成立时，沈百先就是委员之一。1931年2月，沈百先任秘书处处长。1932年7月，任总务处处长。1943年9月，陈果夫辞去导淮委员会副委员长一职后，由沈百先接任。

再次是陈立夫。导淮委员会成立时，陈立夫就是常务委员。陈立夫毕业于北洋大学，后赴美留学，与沈百先、林平一都是留美时的同学。

最后就是陈果夫了。导淮委员会刚成立时，陈果夫并未在其中任职，而是于1932年7月出任导淮委员会副委员长，主持导淮具体工作。为便于协调导淮工作，陈果夫于1933

年10月又兼任江苏省政府主席。陈果夫任导淮委员会副委员长一直至1943年9月。

有文曾认为陈果夫是"民国水利第一人",称其一是在20世纪30年代领导治淮取得了显著成绩,二是有丰富的治水经验。文中认为陈果夫之所以对水利很在行,与妹夫沈百先有很大关系。沈百先考入河海工程专门学校后,每次二人见面,陈果夫总是不厌其烦地向沈百先咨询有关水利方面的问题,从工厂设计、施工到工程预算等大小问题,都表现出浓厚的兴趣。沈百先毕业后,先后在太湖流域、华北子牙河、上海浚浦局、广东韩江等水利工程处工作。这期间,陈果夫对水利的兴趣更加浓厚,常常与沈百先一起讨论水利工程,学习水利知识,并经沈百先介绍,结识了许多水利专家。[1]

毛冀在《陈果夫与导淮工程》中也谈及:"由于沈百先的关系,陈果夫还先后结识了许多当时国内一流的水利专家,并与其中一些人成为知己朋友。"想必文中提到的"一流的水利专家"兼"知己朋友",汪胡桢、林平一、须恺、萧开瀛等人,则一定在其中。应该说,陈、沈等人所居之位,对

---

[1] 刘涛等编著《江上明珠——长江流域的水坝船闸》,长江出版社,2014年,第183—190页。

于乐居房产公司的房地产开发事业是大有益处的,其在信息、人脉资源方面的优势是一般公司难以企及的。

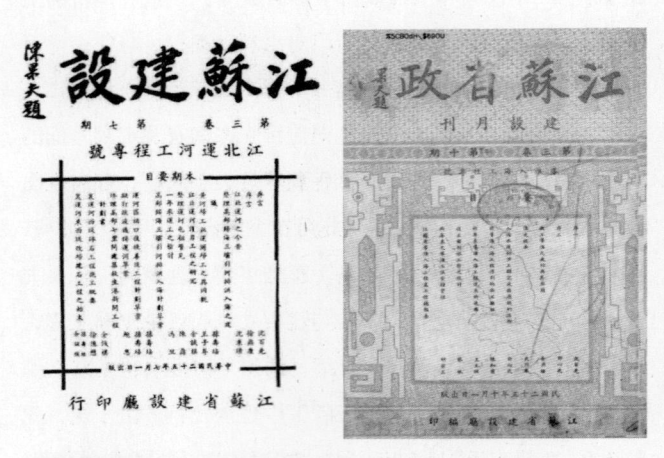

沈百先主政的江苏省建设厅《江苏建设》《江苏省政》杂志均由陈果夫题写刊名,图片分别为《江北运河工程专号》《导淮入海工程专号》,均由沈百先作序(各为复旦大学和南京大学馆藏)

从合作建房到公司运作

汪胡桢在《回忆我从事水利事业的一生》中认为其介入房地产业纯属偶然,最初只是为了解决自身的住房问题,和林平一一起购地建房。不过他们建房的模式较为新颖,采用了"合作社"的方式。之后,他们"见到在南京大可兴建商品化房屋出售,因此就组织成乐居房产有限公司,陆续建成桃源新村、梅园新村、复成新村和竺桥新村,并在新街口建一所5间临街店屋,除一间作为公司用屋外,其余4间都租给商人开店"。

但从合作建房到成立公司开发房产,其中的过程并不像汪胡桢说的那样简单。

合作建设良友里

1930年前后,河海(含河海工程专门学校、河海工科大学、中央大学)的毕业生已有200人左右,被分派到全国各地的主要水利机构工作。由于淮河治理工程的重要性,大部分毕业生又被聘到导淮委员会工作。这批来自全国各地的优秀水利工程技术人员,对淮河入江入海各路河线进行实地勘查测量,同时广泛调查相关情况,掌握了大量第一手资料,经反复研究、论证,并根据研究成果和论证结果拟定了整个导淮工程的总体计划。国民政府核准后决定立即实施,但因为建设的款项未能落实,所以计划没能立即实施。

毛冀在《陈果夫与导淮工程》一文中认为当年国民政府的钱大都用在军费上,故导致导淮计划未能实施:

导淮工程计划确定了江海分疏原则,即整治淮河入江入海的水道,使之便于航运、防洪、发电等,据测算整个工程约需经费2亿元。可当时蒋介石正和各路军阀大动干戈、混战不休,政府财政连开支军费都很困难,哪来这样一笔巨款投入导淮工程?因此在计划确定后的一年多时间里,导淮工程只能是纸上谈兵,无法付诸实施。[1]

---

[1] 毛冀:《陈果夫与导淮工程》,《钟山风雨》2005年第6期。

汪胡桢于1930年1月被调往南京，任导淮委员会工务处设计组主任工程师。汪胡桢到南京后，先是租住在羊皮巷的一座尼姑庵里，房屋比较清洁，但晨钟暮鼓，木鱼声不断，影响休息。于是搬到三条巷，但房主不务正业，也闹得人不能安居。导淮委员会其他同事的情况也和汪胡桢差不多。

汪胡桢在《回忆我从事水利事业的一生》中有如下描述：

我和林平一同志在导淮委员会工务处迁到南京之后，都感到租屋不易。……
……
我们两人都是土木工程师，一天不见土木工程就觉难堪。因见四条巷有一块空地正要出卖，我们商量后，就把这块空地买下了。经过测量与设计，知道在这块空地上可建3层钢筋混凝土构架的房屋3排共30幢，可与亲友联系，用合作社方式建成一个新村。计划决定后，所识亲友纷纷参加。有了资金，就请友人所组建的扬子建业公司担任建筑，取名良友里。[①]

---

① 嘉兴市政协文史资料委员会编《一代水工汪胡桢》，当代中国出版社，1997年，第290—291页。

与汪胡桢一同购地并参与测量、设计的林平一，也是著名的水利学家、水文学家，浙江奉化人。其1923年毕业于北洋大学土木工程系，后赴美国康奈尔大学和爱荷华大学留学，与陈立夫、沈百先都是留学时的同学。林平一回国后，先是在中央大学任教，后加入导淮委员会。

他们建房自住，一是自身有这方面的需要，二是由于导淮工程不能实施，也有相当充裕的闲散时间。

良友里的建设由扬子建业公司承担。汪胡桢的中学同学朱耀庭是扬子公司的主要股东之一。朱耀庭中学毕业后，考入北洋大学土木工程科，后又赴美留学。回国后，朱耀庭也曾在河海教过物理、力学等课程，后任杭州市工务局局长。扬子公司为朱耀庭与其北洋大学的几位同学合办。

汪胡桢在文中说"建成一个新村"，并取名"良友里"，这"良友"显然是指与汪胡桢一起合作建房的亲友，而良友里可以说是汪胡桢的"新村"理念在南京的第一次呈现。

汪胡桢、林平一原先只是为了解决自己的住房问题才考虑建房，所以地点选在靠单位比较近的四条巷一带是比较理想的。民国老地图中所注"旧船政所"即为良友里的大致位置，此地离导淮委员会非常近，从良友里经复成桥到导淮委

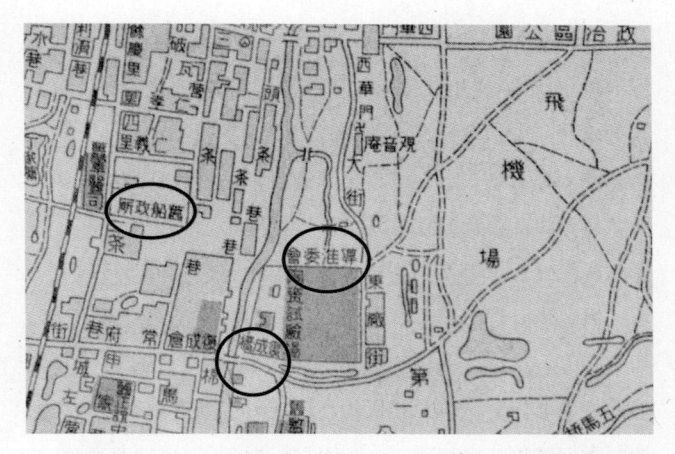

良友里地处三条巷与四条巷之间,即图中所注"旧船政所"的位置,离导淮委员会不远[《最新南京地图》(1938年),小山吉山]

员会,步行仅需十分钟左右。

导淮委员会占用的是复成桥东厂街工业专校的地盘,即如今南京金城机械厂西南角附近。不过1937年12月南京沦陷后,"东厂街"这个地名就逐渐消失了,其重要原因是日本人为扩建明故宫飞机场,把第一公园和导淮委员会都圈进去了。

地皮有了,计划也有了,同事们又对住房有迫切需求,于是汪胡桢和林平一采用"合作社"方式向同事以及亲友宣

059

传，很快便筹集到足够的资金，建成了体现汪胡桢"新村"理念的第一个小区——良友里。他们所设计建造的房屋，大家都认为屋型新颖，造价低廉，所以很受欢迎。

他们成立的"合作社"叫"金陵房产合作社"。金陵房产合作社也并不是只建了良友里一处房产，从1931年8月起，金陵房产合作社就逐步开始建设桃源新村和梅园新村了。

但合作社建房依旧采用"合作"的方式，而不是成立公司来运作。这或许是因为汪胡桢等人当时认为有"导淮"这样的大事要做，所以只是运用自己的专长顺带为有住房需求的朋友们解决住房问题，并未想到要通过开发房地产来赚钱。

例如，金陵房产合作社于1932年1月15日在《中央日报》第一版上刊登了题为"惊人的消息——梅园新村分售宅地"的启事：

本社经营良友里新村六个月内地价增至三倍，桃源新村三个月内增加一倍，凭过去的经验，可以保证梅园新村经本社改良环境以后，在六个月内，如不涨价，本社照原价购回（本月二十日以前购定者为限）

位置：国民政府东首，南临国府路东毗卢寺，交通环境优美

面积：共分二十六宅，每宅面积四十市方上下，适合建筑单独住宅之用

地价：极廉，较邻近地价减省二成以上

设施：各宅均有围墙，有水门汀公卫及行人道，有下水道以泄雨水

余地无多，定购从速，详章备索

四条巷良友里金陵房产合作社启
电话：二一五七一

由此启事看，中原大战之后，南京作为首都，对很多人来说颇有吸引力，房地产市场开始火热，导致地价在短短半年时间就涨了三倍。此时，金陵房产合作社所出售房屋，地价比邻近的要低20%，而且还承诺房屋若不涨价，合作社可原价购回。这显然不像是一个想赚钱的企业的所作所为。

不过也有学者认为金陵房产合作社是"营利组织"：

南京市的房地产专营公司，开始以合作社的形式出现，继而才有地产公司的设立。这种公司一般资本有限，有的公司甚至只有三四人合资经营，即称为地产公司，因此其经营范围与经营规模当然也不能与当时的上海普益公司等大的房

地产公司相比较。在战前,南京市房地产专营公司主要有金陵房产合作社、益昌地产公司、乐居房产公司、现代房地产建筑工程公司、太平房地产公司、中和地产公司、福陵地产公司等。

……

金陵房产合作社,地址位于西华门四条巷良友里,后来改称为金陵地产公司。其最初成立,是缘于一些公务员为解决居住困难问题,遂联合起来,组成这一机构,用集体的力量代社员购买地产及建筑住宅,并代办登记及收租等事项。

这一公司名称虽为"合作",实际上是一个营利组织,从其所从事的业务就看见一斑。其一,收买土地。该社收买大小土地,加以整理为适宜于居住的住宅基地,并注意这些住宅基地的交通、环境、下水道及公共给水的设置及改善,然后按原地价,加整理费用,再加基础设施建设费用,规定各块基地的价值,以听社员出价自由选购。其二,建筑房屋。……[1]

---

[1] 龙天贵:《民国时期城市房地产业的畸形发展——以南京市为例》,《江苏第二师范学院学报》2018年第1期。

而对金陵房产合作社所建房屋,该学者颇有好评:

该社所建住宅质量较佳,构造推陈出新,"望衡对宇,气象轩昂,入其境精神为之一振,居之者人人称为乐土",被当时南京房地产业界奉为楷模。[1]

组建乐居房产公司,参与"首都大开发"

虽说国民政府于1927年定都南京,后又有了《首都计划》,人们都比较喜欢说1927—1937年为南京城市建设的"黄金十年";但实际情况是,南京大规模的城市建设并不是从1927年就开始的。1929年12月,《首都计划》公布,此后没几个月就爆发了中原大战。1930年10月,中原大战以蒋介石胜出而告结束。南京原先人口不过二十余万,房屋不多,主要集中在城南一带,随着战争结束,大量外来人口涌入,使得首都的人口陡增,住房供应就成了首先需要解决的问题。

汪胡桢与林平一见南京有大量的住房需求,遂于1932年12月招股成立乐居房产股份有限公司,从而正式进入房

---

[1] 龙天贵:《民国时期城市房地产业的畸形发展——以南京市为例》,《江苏第二师范学院学报》2018年第1期。

地产市场，开始以公司行为参与"首都大开发"。

1931—1937年，乐居房产公司（含前身金陵房产合作社）在南京先后建有多处房产，但汪胡桢还是钟情于"新村"，在《回忆我从事水利事业的一生》中写到"建造新村"，专门提及良友里、桃源新村、梅园新村、复成新村和竺桥新村。

这几个新村，应该是符合汪胡桢最初的"新村"理想的。就拿嘉兴城的"新村计划"来说，其中的"新村"周边并没有商场、菜场、电影院、学校等配套的公共设施，需要城市

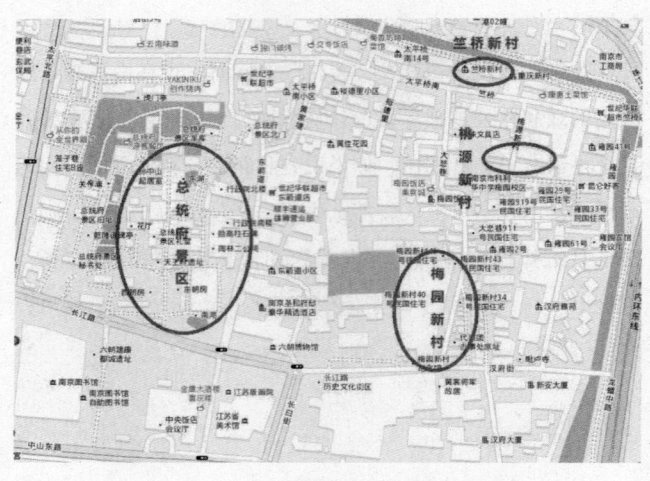

南京政治核心区的"新村"

改造时才逐步配套建设。而在南京，尤其乐居房产公司选取的这几处地块，地处南京的政治核心区，在此建造的这几个新村都是政治区域的新住宅区。

有别于嘉兴，南京的这几个新村，周边都有完善的生活配套。新村的旁边就是从下关至中正街（今白下路）的京市铁路，类似现代城市的地铁，非常方便出行。通过水路出行也很便捷，因为新村都紧靠着内秦淮河。步行至最繁华的商业街——太平路，也仅十几分钟。至于菜场、学校（小学、中学甚至大学）、剧院等，也一应俱全。这时在此区域建的住宅区，真是理想中的"新村"了。

在乐居房产公司开发"新村"的同时，现在南京知名度颇高的颐和路公馆区一带还只是荒地，市政配套都不完善，甚至是没有。二者相比，如果说颐和路的"新住宅区"实为政府推动的住宅示范区，那么乐居房产公司的"新村"则是更能代表民国房地产商开发理念和市场运作特征的"新住宅区"。

乐居房产公司发展始末

从本意上讲，汪胡桢可能并未想过投身南京的房地产开发，而是被动卷入。但从其自身能力来说，无论是规划设计，还是经营管理，甚至会计核算，汪胡桢都具有很高水准。

我们知道，数学和财务会计实为两门学科，不能混为一谈。汪胡桢一直都是数学教授，数学是其强项是毫无疑问的，同时他也曾在多处担任过会计的职务。我们已知筹建河海工科大学校舍时，汪胡桢曾出任会计一职，而鲜为人知的是，他还曾是中国科学社南京社友会的会计。当然了，社友会的账务可能更多的只是一些收支账目，少有成本上的核算要求，相对简单。后来汪胡桢先是成立金陵房产合作社，后在金陵房产合作社基础上成立乐居房产股份有限公司，同时把金陵房产合作社改组为金陵房产建设社无限责任公司。无论是之前的合作社，还是之后的股份有限公司、无限责任公司，其经营地一直都是随着汪胡桢住址的改动而改动[①]，直至其于1934年3月搬至梅园新村30号。不难推断出，公司早期的经营管理一直是由汪胡桢负责的，或许他不会去做具体的会计实务，但财务管理方面的工作肯定是有所介入的。

汪胡桢于1934年1月接受整理运河讨论会的委托，从而开始了长达一年半的步行查勘运河，并负责编制整理运河工程计划的工作。而乐居房产有限公司和金陵房产建设社也于同年9月由梅园新村5号搬到中山东路252号，此时汪胡桢应该是把乐居房产公司和金陵房产建设社的经营管理工作移交给其他人了。他在《回忆我从事水利事业的一生》中提及的"在新街口建一所5间临街店屋，除一间作为公司用屋外，其余4间都租给商人开店"，应该就是此时的事情。

全面抗战期间以及抗战胜利之后，汪胡桢对公司依旧有掌控，但具体的经营应该就少有参与了。

[①] 最初在良友里，后搬至梅园新村5号。同时随之改动地址的还有中国水利工程学会出版委员会的通讯地址。因为汪胡桢还兼任出版委员会委员长，同时在编中国水利工程学会的会刊《水利》月刊。

乐居房产公司的成立

汪胡桢在《回忆我从事水利事业的一生》中并没说明乐居房产公司成立的确切时间,而《南京房地产志》对乐居房产股份有限公司有这样的记载:

乐居房产股份有限公司成立于民国22年(1933),资金10万元,负责人徐叔铭。在成贤街5—8号、13—16号建有市房,成贤里、梅园新村、中央路等处建有单幢楼房出租或出售。抗日战争胜利后,资金增为12亿元,在中山路69号复业,民国36年(1947)领得营业执照。[①]

这是目前所能找到的有关乐居房产公司最为权威的信息了,但有关的资料也仅上述这么一点点,说明公司成立于1933年。

汪胡桢的侄子汪胡烈在《汪胡桢年谱简编》中有如下表述:

---

① 南京市地方志编纂委员会编《南京房地产志》,南京出版社,1996年,第232页。

1933年

春，导淮委员会工务处由蚌埠迁至南京。与林平一等人组建乐居房产有限公司，陆续建成桃源新村、梅园新村、复成新村和竺桥新村。先生自住梅园新村30号。……①

此资料说明乐居房产公司成立于1933年春。如此看来，南京乐居房产股份有限公司应该是于1933年成立的。

而"乐居房产公司"首次出现在公众视野，实际上是在1932年12月12日。当日的《中央日报》刊登了"乐居房产股份有限公司招股"说明：

本公司经奉社会局核准，招股十万元。现已招足八万三千元，并已于十一月三十日在国府东首梅园新村开始建屋三十八幢，股额将满。凡欲入股者，务请从速。印有营业计划、房屋图样及招股简章，函索即寄。本公司筹备处设四条巷良友里。

---

① 嘉兴市政协文史资料委员会编《一代水工汪胡桢》，当代中国出版社，1997年，第290—291页。

不过乐居房产有限公司被批复正式成立的时间是1933年3月4日。1933年第137—138期合刊的《实业公报》中刊有乐居房产公司注册成立的相关信息,具体内容如下:

南京乐居房产股份有限公司
经营地产,建筑各式房舍,出租或出售,均为营业范围
十万元

(董事)
汪胡桢　住南京四条巷良友里二十号
林平一　住南京四条巷良友里十一号
竺达甫　住南京淮海路一一四号
陈和甫　住南京导淮委员会
陈　璧　住嘉兴南门外帆落浜一号
顾丽江　住上海四川路六号
郐兰徽　住南京四条巷良友里十一号

(监察人)
须　恺　住南京砂殊巷十九号
冯毓荪、萧锦培　均住南京导淮委员会

南京乐居房产股份有限公司	精业罐头食品股份有限公司
範圍 營業 首或出出 房各建 地經營 　　　　 售 租 舍式築 產	省各銷運物等干餅罐糖各辦採 　　　　　　　　　　類
元萬十	元百三千九
(董事) 汪胡楨　住南京四條巷良友里二十號 林平一　住南京四條巷良友里十一號 竺遹甫　住南京淮海路一一四號 陳和甫　住南京淮海委員會 陳　壁　住嘉興南門外帆落浜一號 (監察人) 鄔麗江　住上海四川路六號 鄔闡徽　住南京四條巷良友里十一號 倪破蒙　住南京砂珠巷十九號 嚴錫培　均住南京浦淮委員會	(董事) 何越嵩　住河北省無極縣 蔡鑾亭　住山東省荷澤縣 李廷振　住河北省域內 郭順興　住河北省醉海縣域內 蒋安仁　住北平西城 谷良友　住山東省荷澤縣 唐萊之　住西安城內 (監察人) 張東朋 謝蘭秀　均住山東省鉅野縣
南京四條巷良友里 (本店地)	西安南院門二十四號 (本店地)
民國二十二年三月四日	民國二十二年三月三日
設　立　登　記	設　立　登　記
設字第三七九號	登字第三七八號

1933年《实业公报》刊登的乐居房产股份有限公司注册公告

（本店地）

南京四条巷良友里

民国二十二年三月四日

设立登记

设字第三七九号

乐居房产公司的董事及监察人

《实业公报》同时还刊登了乐居房产公司的董事及监察人名单，其中董事七人，监察人三人，共计十人。

这十人中，除前文介绍过的汪胡桢、林平一、陈和甫、须恺、冯毓棻和萧锦培（萧开瀛）之外，余下的四人中，陈璧可能是汪胡桢的夫人，邬兰徽可能是林平一的夫人；另两位，竺达甫和顾丽江，实际上也非一般人物。

陈璧所公示的住址为"嘉兴南门外帆落浜一号"，此地址为汪胡桢于1928年在嘉兴南门新建的二层楼房的地址。汪胡桢的妻子叫陈蕙珍，故推断"陈璧"可能就是汪胡桢的妻子陈蕙珍，或是陈蕙珍的娘家人，但为陈蕙珍本人的可能性更大一些。

汪胡桢故居坐落在今嘉兴南门帆落浜39号（原帆落浜1号），南濒西南湖（即鸳鸯湖），东邻沪杭线，与放鹤洲隔水相望，颇有景物之秀

邬兰徽所公示的地址为"南京四条巷良友里十一号"，良友里十一号正是林平一的家，故推断邬兰徽应是林平一的妻子。

竺达甫为竺达记营造厂经理。如今还矗立在南京升州路上的标志性民国建筑——美大纸行，就是由竺达记营造厂承建的。竺达记在南京承建的著名建筑还有位于中山陵西侧的革命历史图书馆（全面抗战前为收藏辛亥革命史料的小型图书馆,后曾是中山陵园管理委员会办公室),以及地处江东门(如今的侵华日军南京大屠杀遇难同胞纪念馆的北边)的中央军人监狱,等等。

竺达记营造厂所建美大纸行的二楼储藏间,里面有一排黑色保险箱。1983年,南京电影制片厂曾以此为由头拍摄了一部著名故事片《蓝盾保险箱》(美大纸行图片由南京老克提供)

顾丽江是民国时期上海著名的顾丽江采办事务所的主任。轮船招商局、航空委员会、航空学校、导淮委员会、建设委员会、大通煤矿公司、柳江煤矿公司、福建造纸厂等部门或企业的物资采购，大都由顾丽江采办事务所代为采办。其代为采办的进口物资大都直接向美、德、比、英等国购买，或在各国工厂驻上海代表处订购。

民国"火柴大王"刘鸿生发起组织的企业众多，如大中华火柴公司、章华毛纺织厂、华丰搪瓷厂、华东煤矿公司、中华煤球公司、上海水泥公司、中华码头公司、中华工业厂等，而这些企业的材料物资均由顾丽江采办事务所代为采办。

关于顾丽江的为人，刘鸿生的儿子刘念智曾回忆：

> 顾丽江本人是一个采办里手，他的处里又配备了各行各业的专家，既熟悉国内外市场供应和价格涨落情况，又精通商品规格和商务知识，办事诚实可靠。我父亲规定，刘氏企业一切物料、材料、机器、设备的采办，都必须委托顾丽江采办处代办，照规定付给代办手续费。他坚持说："交给他们代办，不会吃亏上当，不会发生贪污中饱事件，我可以放

心睡大觉！"①

乐居房产公司的盈利能力也是很强的。1934年1月5日，其在《中央日报》发布公告：

兹定二月四日下午二时在本公司开股东常会，讨论盈余分配等议案，届时务祈各股东准时出席，除分函外特此公告。再在开会以前三十日内停止股票过户，并祈注意。

乐居房产公司正式成立的时间是1933年3月4日，短短不到一年，公司就已经开始讨论盈余分配，可见运营状况非常好。

金陵房产建设社与乐居房产公司

民国时期南京房地产业的繁荣发展主要集中在1927—1937年这一历史时期，此方面的研究文章也较多。有关住宅房地产的研究文章也有不少，但都较为笼统，缺乏细节，

---

① 刘念智：《实业家刘鸿生传略——回忆我的父亲》，文史资料出版社，1982年，第38—39页。

很多仅涉及一些地产公司的名称,至于这些地产公司开发的房产,则提及较少。

有学者认为,民国南京的房地产公司分为专营和兼营两种,而专营公司,开始以合作社的形式出现,继而才有地产公司的设立。1937年前,南京市房地产专营公司主要有金陵房产合作社、益昌地产公司、乐居房产公司、现代房地产建筑工程公司、太平房地产公司、中和地产公司、福陵地产公司等。[1]

还有学者认为,在南京近代房地产早期的发展历程中先有房产合作社,后有组织架构和自主运作相对成熟的房地产公司;房产合作社这一组织形式是当时的社会历史环境下南京近代房地产初始发展的一种产物,其代表是金陵房产合作社;相对成熟的房地产公司则有益昌房地产公司、金陵房产建设社无限公司、六合无限公司驻京办事处、华侨内向无限公司、兆成地产无限公司、南京下关华宁地产股份有限公司、首都房地产服务社、乐居房地产股份有限公司等。[2]

---

[1] 龙天贵:《民国时期城市房地产业的畸形发展——以南京市为例》,《江苏第二师范学院学报》2018年第1期。
[2] 胡占芳:《南京近代城市住宅研究(1840—1949)》,东南大学2018年博士论文。

几位学者都提及金陵房产合作社、金陵房产建设社以及乐居房产公司，不过从他们的文章中感觉这几个公司之间并无关联。

从现有资料看，乐居房产公司成立于1933年3月，而汪胡桢在《回忆我从事水利事业的一生》中表述，他和林平一最初是以合作社方式建造了良友里，之后才组建乐居房产公司，并先后开发了桃源新村、梅园新村、复成新村和竺桥新村。这些信息给人以这样的判断，后续的几个新村是乐居房产公司所开发，也是1933年3月以后才开发的，应该与金陵房产合作社无关。

实际情况是，桃源新村从1931年8月就已开始建设，而梅园新村的建设始于1932年1月，金陵房产合作社这段时期在《中央日报》投放了多条建房、售房的启事。

乐居房产公司成立后，有关桃源新村和梅园新村的售房信息则由乐居房产公司来发布了。因此，我们或可认为乐居房产公司是金陵房产合作社的延续。

金陵房产建设社则于1933年6月22日首次出现在公众视野中。

1933年6月22日，乐居房产公司在《中央日报》发布出售梅园新村房屋信息的时候，注明公司从22日起迁至梅

金陵房产合作社于1931年8月14日在《中央日报》上发布的有关桃源新村的建房启事

金陵房产合作社于1932年1月15日在《中央日报》上发布的有关梅园新村的售房启事

乐居房产公司于1933年4月14日在《中央日报》上发布的有关梅园新村的售房启事

园新村5号,而金陵房产合作社也于当天在《中央日报》发布了"改组、迁移"通告:

　　本社为扩大组织起见,业已呈请社会局转呈实业部,改组为无限公司,并因社址逼仄,于本月二十二日起迁往国府路梅园新村五号营业,所有前合作社一切人欠欠人暨一切法益责任等事项,概归金陵房产建设社继续负担,特此通告。

乐居房产公司于1933年6月16日在《中央日报》上发布的有关梅园新村的售房启事。此时公司地址还在良友里

乐居房产公司于1933年6月22日在《中央日报》上发布的有关梅园新村的售房启事，注明公司于22日迁至"梅园新村五号"

本社电话改为二二九八七,合并通知。

乐居房产公司为"股份有限公司",而金陵房产建设社为"无限公司"。二者基本是合署办公,形影不离。

1934年9月21日,乐居房产公司和金陵房产建设社又一同搬至中山东路252号,仍使用同一部电话"二二九八七"。

乐居房产公司于1933年7月30日在《中央日报》上发布的地产出售信息,注明公司地址为"梅园新村五号",电话号码为"二二九八七"

1937年3月15日，乐居房产公司和金陵房产建设社又一同搬至中山路69号，仍使用同一部电话"二二九八七"，但金陵房产建设社改名为"金陵建设社"。

抗战胜利后，乐居房产公司复业的地址，如《南京房地产志》所述，仍在"中山路69号"。

从经营范围看，乐居房产公司侧重于房产销售，代办税契手续，设计房屋图样，并可贷借建筑费；而金陵房产建设社主要承装自来水管、卫生器具、暖气工程、消防设备，办理房屋设计、监工。

为使安装工程更专业，金陵房产建设社于1934年春向南京市工务局提出注册申请，增设卫生工程部，并得到核准。卫生工程部特聘实业部登记技师施慕管负责，主要从事冷热自来水管、卫生器具、冷气通风、水汀热气等的设计及安装。金陵房产建设社甚至还代理招标：

兹因军政部兵工署理化研究所在首都大方巷建筑新屋一座，委托本社代理招标。凡在本京工务局登记甲乙两等之营造厂，如愿承办上项工程者，可于即日起携带押标金二百元及图样费七元，到国府路东段梅园新村五号本社领取图样、章程等件。限于三月二十三日下午二时以前亲自送至本社汇送理化研究所开标。

特此通告①

乐居房产公司非常注重"广告营销"。从1931年8月(此时还称为"金陵房产合作社")在《中央日报》刊出第一条房产广告,至1937年3月,其每隔两三个月就要在《中央日报》的头版上刊登房产广告,每次大约持续半个月。金陵房产建

金陵建设社于1937年9月1日在《中央日报》上投放的最后一条广告

---

① 《中央日报》1934年3月14日第一版。

设社同样注重"广告营销"。其从1934年4月1日至1937年9月1日,几乎每天都在《中央日报》的广告版面刊登广告。

随着中日之间战事不断升级,1937年9月1日之后就再也没见过乐居房产公司和金陵房产建设社的任何广告信息了。

乐居房产公司的开发理念

乐居房产公司的开发理念大致可以概括为以下十六个字:

中心开花,房型多样,设施现代,可租可买。

所谓"中心开花",就是乐居房产公司开发的房产,基本都是处于城市的中心地带。

汪胡桢在回忆文章中只提及当年开发了良友里、桃源新村、梅园新村、复成新村和竺桥新村,具体情况并未细谈。其实这几个新村都处于城市的中心地带,例如梅园新村、桃源新村和竺桥新村靠近总统府,而良友里、复成新村则靠近太平路商业区,旁边还有第一公园等公共设施,离导淮委员会、立法院等政府机构也非常近,地理位置非常优越。

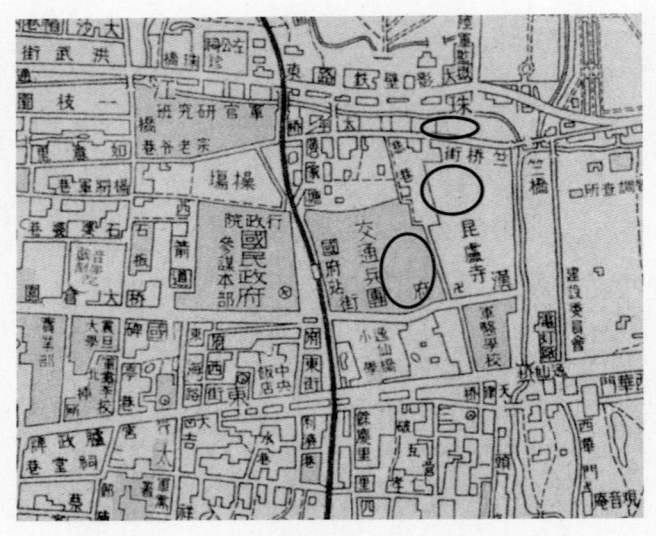

竺桥新村（上）、桃源新村（中）、梅园新村（下）民国时期大致位置［《新南京地图》(1937年)，日新舆地学社］

除了"新村"，乐居房产公司开发的房产还有很多，位置也都不错。1933年就开发有"数百处"，并有"本京各区地产出售"。乐居房产公司曾在《中央日报》上连续数日刊登"地产日报"，发布公司的房产信息，例如"坐落中山路西流湾"，"面积十二亩，可劈卖"，"近中央党部、外交部"；"坐落鼓楼阴阳营"，"面积六亩半"，"金陵女子大学邻近"；

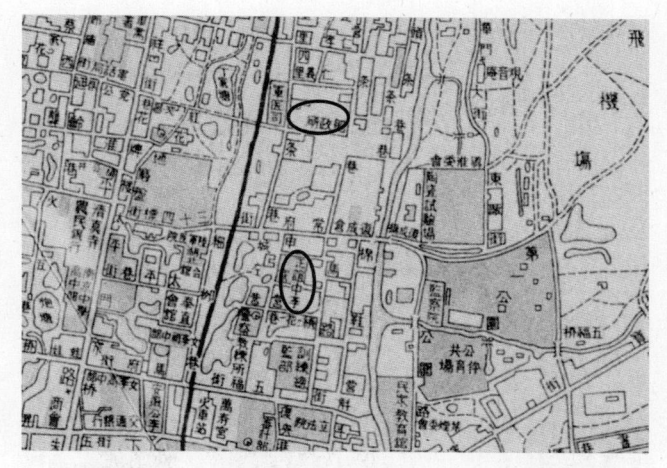

良友里（上）、复成新村（下）民国时期大致位置［《新南京地图》（1937年），日新舆地学社］

"坐落桃源新村"，"面积六亩"，"村路平整，邻居高尚"；"坐落五台山豆菜桥"，"面积二亩半"，"环境极佳"；"坐落中山路丁家桥西"，"面积十亩"，"近中央党部"……

乐居房产公司（金陵房产合作社）开发房产时，对土地的选择既挑剔，又很谨慎："南京地产购觅匪易，盖建屋基地，必须地形方整，环境佳良，大小适中，交通方便，庶为上选。普通出售之地，苟非面积过广，地价动则巨万，即地

087

形歆斜，多所耗费。……又南京地产常有种种纠葛，例如公产，伪契，盗卖，伪图，旗地，租户，坟墓等等。"[1] 可见乐居房产公司看中的地必须"地形方整，环境佳良，大小适中，交通方便"，而且没有产权上面的纠纷。

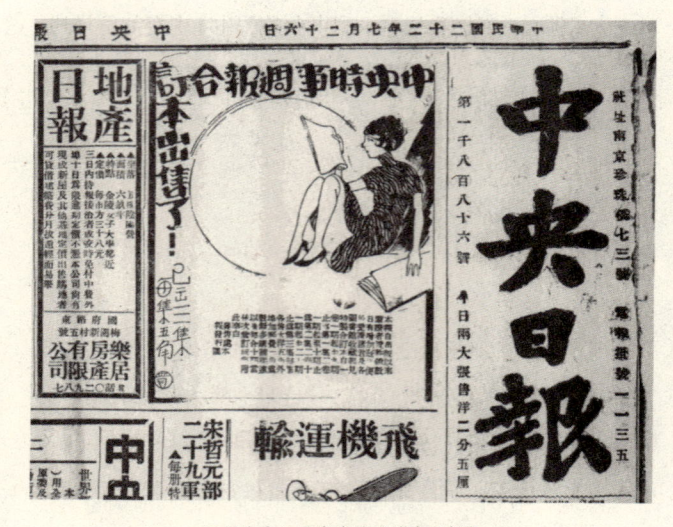

乐居房产公司发布的"地产日报"

---

[1] 南京乐居房产股份有限公司：《复成村房屋说明书》，1935 年 12 月印制。参见蔡晴、姚赬《南京近代住区的营建特征与保护观念初探》，《华中建筑》2006 年第 11 期。

"新村"多坐落于城市的中心地带,交通便利,配套设施也齐全。乐居房产公司尽可能依托当时已有的城市基础设施和公共服务设施来开发房产,这无疑是非常明智的。

所谓"房型多样",是指各新村房屋类型各异,投人所好。乐居房产公司招股说明中就提及"印有营业计划房屋图样",只要有人给公司写信索要,公司便寄给对方。公司从1933年2月19日起,在《中央日报》上连续一个月发布"赠阅房屋图样"的信息:

> 兹在国民政府东首新建园林住宅数幢,连基地分幢出售,为置产者难得机会,精印图样,函索即寄。四条巷良友里乐居房产有限公司启

目前尚不知乐居房产公司开发的新村的设计者是谁,由于汪胡桢等人均是土木工程方面的行家,可以推断当年的设计乃各显神通,所以房型比较多样。后续开发时,这些早期自行设计的房屋建筑设计图全都能派上用场,也深受市场欢迎。为此,汪胡桢本人也说"各新村房屋类型各异,投人所好"。

所谓"设施现代",是指各新村房屋的设备多为进口设备,水、暖、电、卫、煤气俱全。为此乐居房产公司在《中

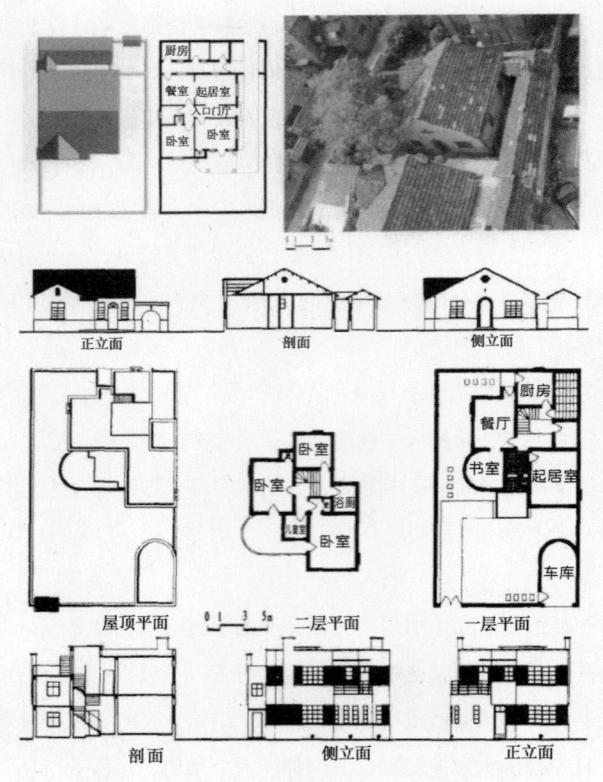

乐居房产公司开发房产的部分户型图[1]

---

[1] 南京乐居房产股份有限公司：《复成村房屋说明书》，1935年12月印制。参见蔡晴、姚赯《南京近代住区的营建特征与保护观念初探》，《华中建筑》2006年第11期。

090

央日报》发布的房产信息中,这些都是重要的宣传点:"晒台、草圃、卫生设备、电灯、钢窗,一应俱全。"

有学者对乐居房产公司开发的复成新村的设施情况进行过研究,可以说明房屋设施的现代程度:"在设备上这类住宅水、暖、电、卫、煤气俱全,而且多为进口设备,复成新村的售楼书称其卫生器具均由美国德国名厂出品,瓷质飞白耐用,配以克罗米龙头落水管,冷热水管均系英国出品,化粪池用钢骨水泥(作者按:'钢骨水泥'即'钢筋混凝土')浇成,埋于地下。"浴室的设施也很高档:"内设德国圆浴缸一件,白磁抽水马桶一件,白磁面盆一件,克罗米配件,冷热水管全,壁间有化妆箱一,外有玻璃镜门,人造石护壁及地面,光滑异常。"[1]

所谓"可租可买",是指开发的房产既可以出售,也可以出租。

乐居房产公司于1933年3月在《实业公报》刊登的注册登记公告中明确说明营业范围是"经营地产,建筑各式房舍,出租或出售",可见"出租"与"出售"这两种方式都

---

[1] 南京乐居房产股份有限公司:《南京复成村新厦说明书》,1935年12月印制。参见蔡晴、蔡亮《家族经历中的南京近代住宅建筑》,《华中建筑》2005年7月第23卷。

是公司成立之初就考虑到的。不过这个"出租"可能并不是我们现在理解的单纯只是对自己的房产收取租金,其实公司还"代收租金"。有业主暂时离开南京,房屋如果没人照看,可以委托公司代为收租,再按月寄给业主或代存银行。

乐居房产公司于1933年6月16日起在《中央日报》发布梅园新村落成的消息,并告知购房可"分期",而且分期的费用比房租少:

乐居房产有限公司梅园新屋落成
购房分期付款,月费比房租为少
本公司在国府路梅园新村所建园林住宅现已落成,为便利自置住宅者起见,凡在本月内向本公司购屋者,得用分期付款办法,每月所付之款较房租为少。欲知详情及参观新屋者,请速惠临,留屋无多,购者从速。

乐居房产公司还向购房者灌输房产融资理念。购房者首付部分房款后,剩余房款则由乐居房产公司发放"建筑贷款",这样公司又兼有银行放贷的功能,而购房者则可缓解资金压力,从而达到"双赢"。公司于1933年7月25日在《中央日报》发布信息,提出"建筑贷款"新概念:

可分期付款购置梅园新屋

乐居房产公司备有地产数百处，可办建筑贷款
（《中央日报》1933年7月25日）

乐居公司创办建筑贷款，并备有地产出售

本京乐居房产有限公司近创办建筑贷款，并备有地产数百处，绘有房屋标准图样多种，均标定价目，以备选择。选定后，即由该公司贷款一半，开工建筑。此项贷款即分四十个月摊还。

由此可见，乐居房产公司既有丰富的土地储备，也有雄厚的资金实力，且经营方式也非常灵活。

以复成新村为例，一期开发的西式洋房分为四个套型，甲式为180 ㎡，售价9900元；乙式为160 ㎡，售价9540元；丙式为165 ㎡，售价9000元；丁式为107.5 ㎡，售价7200元。甲、乙、丙式住宅层数为二层，平均每平方米的售价为56元，丁式住宅层数为一层，每平方米的售价为67元。若希望分期付款买房，则首付5000元，其余部分1~5年分期付完。[1]

那时南京的租房费用确实不菲。例如从河海同学会于1935年12月购买复成新村7号后又转租给南京中孚银行襄

---

[1] 南京乐居房产股份有限公司：《南京复成村新厦说明书》，1935年12月印制。参见蔡晴、姚赯《南京往事——南京近代住区规划评述：1930—1946》，载《住区：生态住宅（总第18期）》，中国建筑工业出版社，2005年，第67页。

复成新村7号为西式平房，面积107.5平方米。河海同学会于1935年12月起，以每月80元的价格租给南京中孚银行襄办陆襄琪

办陆襄琪所收取租金，可推断出大致的租金情况。

汪胡桢也是河海同学会的成员，故河海同学会从乐居房产公司以优惠价购买了复成新村7号。复成新村7号为丁式住宅，售价应为7200元，而河海同学会以6980元购得。

1937年3月20日《河海友声》第十卷第三期中报道了河海同学会将复成新村7号租给陆襄琪的情况：

本会会所系于二十四年十二月间向乐居房产公司购定复

成新村七号房产一所，计房地价陆千玖百捌拾元。在会所捐款基金内拨付，已另详报告，嗣以此项会所出租与南京中孚银行襄办陆襄琪君居住，按月收取房租捌拾元。……收房客陆襄琪押租贰百肆拾元，收又水表押表费叁拾伍元，收又二十四年十二月半个月房租肆拾元，收又二十五年一月至二十六年三月房租共壹千贰百元，以上共收壹千伍百拾伍元。……

乐居房产公司的房产开发

乐居房产公司在南京到底开发了多少房产，目前并没有找到确切的统计资料，现在只能从当年的零星资料中寻找一些线索。从这些零星资料中可以推断出乐居房产公司开发的房产非常多，这需要我们今后继续努力，不断去挖掘。

汪胡桢钟情于"新村"，故在其回忆文章中只提及了良友里、桃源新村、梅园新村、复成新村和竺桥新村。这些新村的开发时间大都集中在1931—1937年这个时间段，不过单单这几个新村的房产就有近两百幢，规模已经相当惊人了。

乐居房产公司开发的其他房产，汪胡桢并没有提及。例如，乐居房产公司成立之初，在1933年的《中央日报》上刊登的各种"启事"中明确说明公司开发的房产有"数百处"，

乐居户产有限公司在南京各区均有地产出售

遍布"本京各区","并可贷借建筑费，分月拨还，比房租为少"。而汪胡桢控制的金陵房产建设社到1936年初的时候，设计的房屋也已达两百多幢。

至 1936 年初，金陵房产建设社设计的房屋已逾两百幢

全面抗战期间及抗战胜利之后，乐居房产公司虽还有房产开发，但已与"黄金十年"的情况大不一样了。

全面抗战期间的乐居房产公司

1937 年 7 月 7 日全面抗战爆发后，乐居房产公司的经营受到很大影响。有关公司此后经营方面的信息，几乎难以找寻，仅查找到乐居房产公司于 1938 年 7 月在上海《新闻报》刊登的联系各地股东的公告，以及公司于 1941 年与汪伪时期的南京市政府、1947 年与国民政府还都后的南京市工务局等交涉的几份资料。

结合汪胡桢等人这段时期的工作、生活经历，我们对乐居房产公司的经营状况做了简单推测。实际上，汪胡桢和林平一等人自全面抗战爆发后，便不再负责乐居房产公司的具体经营，而是由徐叔明在维持公司的运营。

南京沦陷期间，乐居房产公司开发的各新村房屋被日伪定义为"敌产"，多为日伪官吏所霸占。抗战胜利后，这些房屋因有日伪官吏居住过而又被国民政府认定为"敌伪产"。为此，徐叔明来回奔波多年，其中的艰辛可想而知。

《南京房地产志》中对乐居房产公司的介绍，提及公司的负责人叫"徐叔铭"，但可能不准确，而应该是"徐叔明"。自1938年7月起，徐叔明的名字就和乐居房产公司联系在一起。

由于全面抗战的爆发，乐居房产公司的主要投资人分赴不同的地方，公司的经营也遭受很大影响，一些工作人员甚至转移到了上海。

须恺于1937年春节后被经济建设委员会派往法国考察水利，陈果夫派林平一代理导淮委员会总工程师职务。所以当时导淮委员会疏散去内地的工作实际上是由林平一负责的。

汪胡桢那时在全国经济委员会水利处任职，受命留守，负责遣散人员。遣散费发放完毕，尚未领去的余款，汪胡桢让手下人员带着，乘全国经济委员会末班轮船离开南京；汪胡桢则继续留在南京。

得知江阴炮台失守后，汪胡桢和乐居房产公司的一位职员（可能就是徐叔明）乘小汽车到达镇江。彼时江苏省政府的员工正在江边征集船只渡江，而萧开瀛在江边负责指挥过江队伍，故由萧开瀛安排，将汪胡桢及汽车送过长江，抵达瓜洲。不久扬州失守，汪胡桢的汽车也被日军掳去。于是汪胡桢搭乘英国怡和洋行的轮船，从泰州到达上海，回到英租界慕尔名路矿业联合会友人代觅的住处，与妻儿团聚。

南京沦陷后，乐居房产公司开发的各新村房屋多被敌伪官吏占为住宅。

徐叔明是汪胡桢妻子家的亲戚，也是嘉兴人[①]。徐叔明住上海小沙渡路（今西康路）同余里二号，自1938年7月起，负责乐居房产公司与股东之间的联络。到了1941年，徐叔明的身份已是乐居房产公司董事长。

[①] 2017年7月，汪胡桢的外孙女武树红询问其母（即汪胡桢的女儿汪胡炜）有关徐叔明的情况，老人家已86岁高龄，对徐叔明记忆模糊（汪胡炜于1931年出生），只依稀记得叫徐叔明"寿娘舅"（"寿"，还是"瘦"，因老人家年岁大，未再询问），但对乐居房产公司的股东、董事等情况，因那时年岁小，所以并不知晓（乐居房产公司于1933年成立）。

著名诗人、作曲家、剧作家、古典戏曲目录学家庄一拂在《汪胡桢二三事》[①]一文中回忆1938年在上海成立"邠社"时的情形，提及汪胡桢与自己困身孤岛时，日聚于三山会馆，品茗聚餐，人出一元，以茶代酒，汪胡桢为之主持。当时嘉兴也已沦陷，乡人避寇而来，纷纷加入。汪胡桢建议借座龙门路医药公会，邀请陆仲襄讲授《毛诗》，曰"邠社"。邠社成员均为嘉兴籍人士，其中便有汪胡桢、庄一拂和徐叔明，还有沈公达、朱大可、许大卢、朱其石、徐公豪等。孙筹成、严独鹤、施济群等亦常列席旁听。

1938年7月22日，上海《新闻报》刊登的《南京乐居房产股份有限公司公告》称："本公司二十七年春季股东会，因首都沦陷，股东星散，无法举行，经依照《非常时期营利法人维持现状办法》，呈请经济部核准在案。兹特将二十七年份账目印刷成册，敬祈各股东将通信处函知上海小沙渡路同余里二号徐叔明君，当即寄奉。"

1941年10月，徐叔明向实业部提交了补交董事和监察人名单和补发执照的请求，落款为"乐居房产股份有限公司

[①] 嘉兴市政协文史资料委员会编《一代水工汪胡桢》，当代中国出版社，1997年，第182—184页。

董事长"。实业部同意了徐叔明呈请,并让他把相关材料报送"南京特别市"社会局存案,同时计发补字第一号登记执照。

1941—1945年间,徐叔明就复成新村部分房屋的房租等事宜,曾向当时的伪南京市政府多次提出诉求。应该说,八年全面抗战期间,乐居房产公司的事务主要是由徐叔明在负责。

关于复成新村的房屋诉求,徐叔明先是用了"成功"这一名字,将诉求信呈给当时的伪财政局:

谨呈者市民所有坐落第一区申家巷复成新村第三十一号、三十二号、三十三号、三十五号、三十六号门牌房地产业经向前钧局声请登记领有登记收据登壹字第五柒捌号壹纸,惟该产前于民国二十六年呈报劈卖图状尽缴存卷迄未办结。兹查该产早经满洲国大使馆驻京办事处中根不羁雄领租,所有租金系由钧局代管,迄今未蒙发给,兹具呈人业已返京,生活无着,请求饬土地局查案,准予凭保按数发给,以维生活而苏民困,不胜感德之至。
谨呈
南京市财政局

具呈人成功

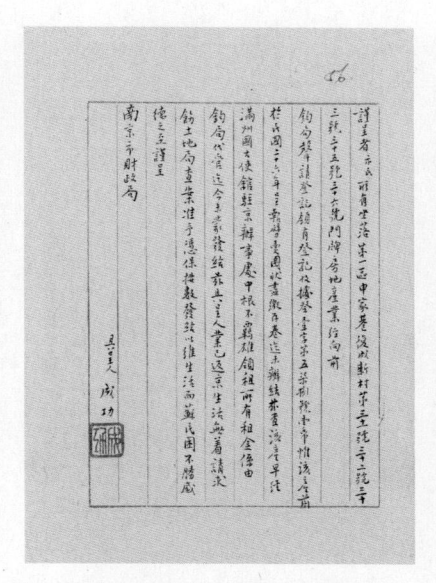

徐叔明给伪财政局的信（南京市档案馆馆藏资料）

另一封诉求信则是呈给当时的伪南京市政府的，对房屋的产权等事宜做了申辩，并正式署名"徐叔明"。此时复成新村的房产已经被日本人定义为"敌产"，故徐叔明要求伪南京市政府同日本宪兵队交涉，讨要所欠房租。

汪胡桢此时主要从事科技图书出版。太平洋战争爆发后，

徐叔明给伪南京市政府的信（南京市档案馆馆藏资料）

出版资金无法得到落实，但汪胡桢仍决心要编辑出版《中国工程师手册》，于是"组织厚生出版社，集资数万元作为资本，和科学公司订立印刷合同"[①]。

汪胡桢只是轻描淡写地提到"集资数万元"，但并没有详细叙述是如何"集资"的。而须恺的堂弟须景昌那段时期曾帮汪胡桢做过一些《中国工程师手册》的校核工作，他在《怀念汪胡桢老师》一文中对"集资"情况有如下叙述：

他（汪胡桢）为使编辑工作不致半途而废，除额外承担繁重的编写工作外，许多细碎、烦琐的事务都集中压在他一人身上，还亲自统稿、校核。当时他曾要我协助他做一些校核工作。另一方面，他还要筹集资金，寻求出版。万不得已，他将南京乐居公司的部分房屋卖掉，解决出版印刷资金不足的问题。[②]

由此可见，汪胡桢是卖掉了乐居房产公司的部分房屋才

---

① 汪胡桢：《回忆我从事水利事业的一生》，载嘉兴市政协文史资料委员会编《一代水工汪胡桢》，当代中国出版社，1997年，第293页。
② 嘉兴市政协文史资料委员会编《一代水工汪胡桢》，当代中国出版社，1997年，第122页。

筹得资金,使得《中国工程师手册》的前三卷(《基本》《土木》《水利》)顺利出版。而帮汪胡桢操办卖房事宜的,则应该是徐叔明了。这正好也和徐叔明当时向伪南京市财政局写信讨要租金等事宜的时间节点对得上。

乐居房产公司的结束

乐居房产公司一贯擅长"广告营销",1937年9月前一直把《中央日报》作为宣传的主要阵地之一。但抗战胜利以后,却并没发现其在《中央日报》上发布过任何信息。

对抗战胜利后乐居房产公司的情况,汪胡桢自己有个简单描述,说日本投降后,林平一先回到南京,召回了乐居房产股份有限公司的职工,"把房屋修葺一新出售,并把公司结束,退还股本"。[①]

汪胡桢的描述确实过于简单。其实林平一是1946年7月才返回南京的。1944年4月,水利委员会派林平一参加赴美水利考察团,至1945年11月才返回重庆。导淮委员会的人员于1946年春节后陆续迁返南京。沈百先为接收敌伪

---

① 汪胡桢:《回忆我从事水利事业的一生》,载嘉兴市政协文史资料委员会编《一代水工汪胡桢》,当代中国出版社,1997年,第291页。

水利机构，于1946年年初即率领亲信骨干飞抵南京。大量的干部人员及家属的迁返工作，则由林平一来负责。林平一坐镇导淮委员会驻重庆办事处，至1946年7月初才飞回南京。1947年7月，林平一任导淮委员会改组后的淮河水利工程总局局长，投入繁忙的水利事业。所以当时林平一对乐居房产公司应该也没投入多少精力。

而汪胡桢于1944年离开上海后去了安徽屯溪，在黄山待了一年多，直至抗战胜利。抗战胜利后，汪胡桢返回上海，并应行政院救济总署署长陆子冬之邀，于1946年3月出任设在镇江的苏宁分署赈务处处长，负责分配南京及江苏省的救济物资。之后汪胡桢主要在上海、浙江杭州一带，忙于钱塘江两岸的海塘修理工程，以及计划建设新安江水电站。由此可见，汪胡桢也并没有时间来打理乐居房产公司的事务。

实际上，1945年之后，还是徐叔明在具体负责乐居房产公司的扫尾事宜。

抗战胜利后，汪胡桢应该是短暂回过南京的。颜鸣、李磊在《几度访梅寻古人》一文中有如下叙述：

抗战胜利后，汪胡桢先生重回梅园新村30号。房里的东西全部被搬走了。本想把房屋修理好，但一时缺钱。后因中共代表团要来南京,……到乐居房产公司去问有没有房子。乐居房产公司就为汪胡桢先生代办了各种手续,照官价出售了30号住宅。市政府征收30号后,交给中共代表团使用。①

中共代表团是1946年5月抵达南京的,而此时林平一还在重庆负责导淮委员会的迁返工作,也不大可能在此之前安排乐居房产公司的具体工作。那么能帮汪胡桢办理卖房手续的,可能也只有徐叔明了。

由于南京沦陷期间,乐居房产公司开发的各新村房屋多为敌伪官吏所霸占,战后乐居房产公司索回这些房屋,并重新修缮出售,也是需要花费相当的时间和精力的。例如复成新村有八幢房屋重新修缮,徐叔明应该是申请重新登记、修缮、出售同时进行的。

中央信托局苏浙皖区敌伪产业清理处南京分处于1947年11月8日向南京市工务局出具了理一字第6348号"函请查明复成新村新建房屋情形并检附核准建筑图则见复由"公函:

---

① 嘉兴市政协文史资料委员会编《一代水工汪胡桢》,当代中国出版社,1997年,第167页。

案据业户成功呈以三十五年十月及十二月又本年一月间先后呈准贵局核发建字第171、296、585号建筑执照于复成新村建筑楼房共八幢请查核等情,查该民所称各节是否属实,其建筑情形如何,本处亟待明瞭。相应函请查照,惠予查明并检附核准建筑图则,过处以凭办理为荷。

此致

南京市工务局

　　　　　中央信托局苏浙皖区敌伪产业清理处南京分处

由此可见,当年徐叔明为补办各项手续,争取合法权益,也是花费了相当的心血的。

汪胡桢、林平一等均以"水利救国"为己任,当初开办乐居房产公司,是顺势而为,积极参与"首都建设"。抗战胜利之后,正是他们再次施展"水利救国"抱负的时候,鉴于乐居房产公司的历史使命早已完成,他们不能心有旁骛,而首都重建和房产接收已有专门机构来实施,因此结束公司便顺理成章了。

乐居房产公司结束的具体时间尚不清楚,但从徐叔明处

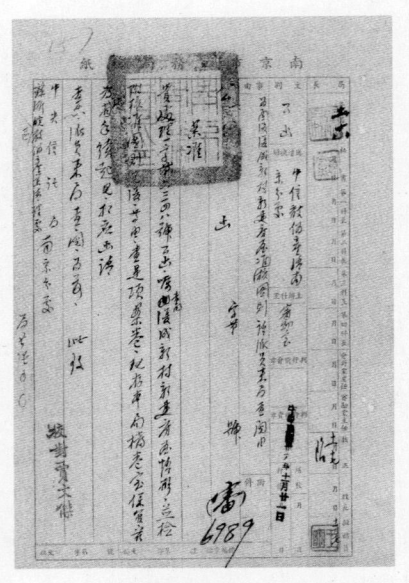

南京市工务局于 1947 年 11 月 21 日对中央信托局苏浙皖区敌伪产业清理处南京分处公函做了回复（南京市档案馆馆藏资料）

理梅园新村 30 号房产起，到其于 1947 年 11 月仍在为乐居房产公司的房产是否为"敌伪财产"而奔波，可以推断公司结束清算的过程也是漫长而复杂的。

110

上编

中编

下编

乐居房产"新村"探秘

乐居房产公司的特色就是"新村"开发，而且这些新村当年都处于南京的核心政治区，曾经显赫一时，所以很有必要对这些新村做进一步研究。不过七八十年过去了，好多新村已经不再"新"，大都淡出人们的视野，有的甚至已经"消失"，人们已经忘掉了这些新村当年的辉煌。

良友里初试身手

良友里应在南京的房地产史中占有一席之地。因为这是《首都计划》公布后南京的第一个体现"新村"理念的新住宅区,也是南京房地产史上的第一次合作建房。很可惜的是,良友里于前些年已被拆除。

良友里位置和基本情况

良友里的东西方位处于三条巷、四条巷之间,南北方位处于常府街、中山东路的中间地带。《南京地名大全》对良友里有如下介绍:

良友里 居民区。位于中山东路南侧三条巷中段。民国《首都志》载称"良友里"。传民初这里有几个大营造主在此建坊,合办"良友合作社",其住宅与通道通称良友里。

建国初并入三条巷。[1]

实际上并没有什么"良友合作社",更不存在什么"作坊",而应该是"金陵房产合作社",这几个"大营造主",实际上也就是指汪胡桢、林平一等人。

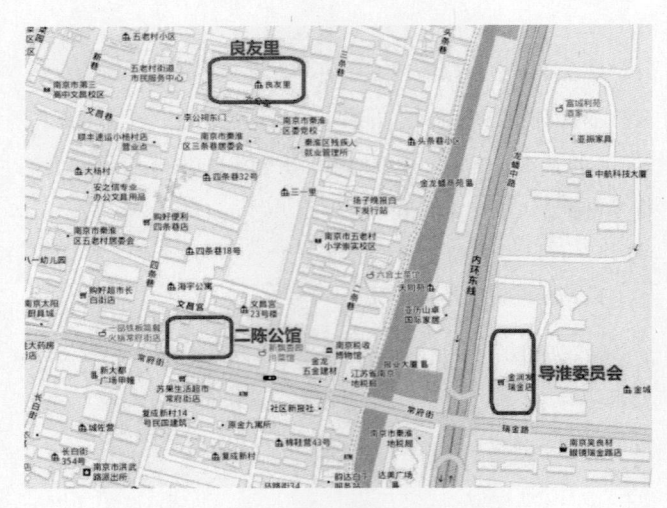

如今的良友里仅有小区名而没有民国建筑了

---

[1] 《南京地名大全》编委会编《南京地名大全》,南京出版社,2012年,第540页。

民国资料显示,当时汪胡桢住良友里20号,林平一住11号。因汪胡桢在回忆文章里说建了三排房屋,我们主观想象,类似现在建房,应该是平行的三排房屋,如果这样建造的话,11号和20号正好是中间一排的东西两户,可以想象,肯定是明厅明卫,是位置最好的两户。

我们采访了一些老居民,他们大都是20世纪50年代以后才入住良友里的,虽然对良友里三四十年代的住户情况不了解,但对良友里的格局以及建筑有一定了解,而他们告诉我们,良友里建筑格局并非我们认为的平行的三排房屋。

现根据老居民的讲述,绘制了一张良友里的简要示意图。汪胡桢所说的三排房屋,实为北边、东边、南边各一排,西面是大门,里面为庭院,种有树木和花草。

良友里的大致格局

有关良友里的影像资料较少。不过在《张将军谓行烈士传》中，我们找到一张拍摄于20世纪30年代的照片，这是作者在其良友里家门口的留影，从中我们能一睹那时良友里的"芳容"。

张谓行[①]的妻子陈亚芳于良友里17号新居门前留影（原载《张将军谓行烈士传》，自印本，第36页）

[①] 张谓行，字春笙，陆军大学高材生。全面抗战时期，曾任保定行营作战处长、第一战区司令长官部副参谋长、天水行营副参谋长等职。日军空袭西安时牺牲，被国民政府追赠为陆军上将。1984年6月8日，中华人民共和国民政部追认张谓行为革命烈士。

书中不但附有照片,而且还有非常详细的文字,介绍其家中装饰、家具布置等情况,从而使得我们可以对良友里的内部情况了解一二。

作者叫陈亚芳,自幼随父母旅居上海,经陆军大学兵学研究院主任张谅卿介绍,与张谅卿的得意门生张谓行于1936年10月结为夫妻。张谓行和陈亚芳的新居就在良友里17号。

张谓行在1936年10月1日的日记中记载,陈家从上海运来的嫁妆装满了一节车厢,由下关用四五辆卡车运到良友里17号家中。而2日的日记则详细记载了家中布置情况,我们从中可对良友里住房内部情况了解一二:

客厅安装了从上海带来的大壁镜,镜子高十六英尺(约4.88米)、宽十八英尺(约5.48米),四周围镶以法国式俄国宫廷画框的古式金边花框,富丽堂皇。沿窗两排元宝形的绣缎质大沙发,配巧克力色的茶几,奶油色五彩的地毯,最新式菱角壁灯,花架上是白色勿忘我和碧绿文竹。

餐厅则是蕾丝落地帘,加上墨绿丝绒垂幔,巧克力金色全套西式酒柜和长蛋形大菜桌,铺上粉红色的桌布,中间置一瓶盛放的玫瑰,银器柜中陈列各色古玩。酒柜里各色洋酒,别致的深色桃木器具上,镶有黄金拉手。

楼梯铺紫红厚绒梯毯,每级楼梯加金色铜杆压住梯毯。

卧室有圆形巨镜梳妆台,奶油色的桃木喷漆家具,配以可可色的线条金拉手,上面放着各种化妆品。鞋架上陈列着几十双各式各样的高跟鞋。美人沙发小巧玲珑而柔软。

书房里是深绿绣花的桌布,深绿色的窗帘,深绿色的书桌和书橱。门口配有花架,上有粉红色的康乃馨。

而厨房里都是和红木一样名贵的柚木家具。①

南京历史上第一次合作建房

《南京房地产志》把以"合作"形式建设的良友里定义为"南京第一次合作建房":

中华民国建都南京后,机关单位增多,有些行业也相应增多,城市人口骤增,住房供不应求。各部门或单位也开始建造里弄房屋,如银行界的宁中里、邮政界的五台山村,浦镇车辆厂、永利铔厂的家属宿舍等。还有职工集资以合作形

---

① 陈亚芳:《张将军谓行烈士传》,恒学出版社股份有限公司,1987年,第82—85页。(原文篇幅较长,引用时有删改。——作者注)

式组建的良友里,可算是南京第一次合作建房。①

良友里的建设确实是采用了"合作"形式,但这并不等同于一般单位所谓的"集资建房",而《南京房地产志》将良友里的合作建房归类于职工的"集资建房",显然是不准确的。不过,成立"合作社"开发房产的方式确实也是比较新颖的,起码是南京以前从未有过的,以一种全新的方式开发房产,为此才被定义为"第一次"。

附录:良友里住户名单

我们关注南京的民国建筑,并不应该局限于建筑本身,对曾经在这些建筑中住过的人也需关注。实际上,要深入了解南京的城市历史,对这些曾在这座城市里生活、工作过的人也是不应忽视的。尤其国民政府定都南京后,外来人口大量涌入,其中不乏各行业杰出人物,这些无疑也丰富了南京的城市历史。更为重要的是,与六朝、明清相比,民国与现在相距并不算遥远,而且南京的诸多名胜古迹自太平天国运

---

① 南京市地方志编纂委员会编《南京房地产志》,南京出版社,1996年,第157页。

动之后，已经少有痕迹了，而民国时期留下的建筑尚多，只要后人稍加努力，很多资料都是能寻找到的，这对丰富这些民国建筑的历史，还原那个时期南京城的政治、经济、文化等状况都大有益处。

"首都黄金十年"建设时期，南京城建了很多类似良友里这样的"新村"，可惜现在对这些新村，我们知之甚少。我认为，如果要把这些新村的基本情况搞清楚，就必须从它们的建设、住户情况等细微之处入手。如果大量民国建筑的基本资料都搞不清楚，那么所谓的城市文化只能是一些考证不清的空话、老话，甚至只能是"戏说"，我们也只能在这些建筑老去或被拆除后再去懊悔，空发感慨。基于这样的考虑，对良友里的住户情况，我们尽可能去搜集相关资料，以期引起更多的关注，也便于其他研究者据此一起来探寻这些建筑背后更多的人和事，为良友里补充有趣且真实准确的资料。

我们所搜集到的良友里的住户名单并不齐全，也不清楚最初的三十户是哪些人，但从汪胡桢所述的有限资料来看，良友里距导淮委员会非常近，而导淮委员会的人员来南京大都租房居住，有住房需求，可以推断导淮委员会的人员是良友里首批住户中的中坚力量。从我们最终所搜集到的资料来看，导淮委员会的同事占了近三分之一，这也恰好印证了我们的推断。住户中还有相当比例的以留学归来人员为主的中国科学社社员，而汪胡桢也是留美归来的中国科学社社员，所以这些人也是首批住户中的主力。

但对于1930—1949年这近二十年的时间，由于我们掌握的资料较少，对这一时期住户的变动情况并不能了解得很清楚，而有些门牌号码对应着多个住户，他们之间的产权变化或是租赁情况我们也不得而知，所以只能将所知晓的信息都列出来，给有兴趣的研究者以一定的参考。例如南京市档案馆所存《关于乐居房产公司请求归还民房一案令查办及市政府呈咨复》中就提及"西华门四条巷良友里十八号"曾是"友邦兵站指定设慰安所"。

现将目前能知晓的良友里住户名单做个简单介绍（一个门牌有两个及以上住户的，一并列出）：

良友里1号
祥生交通公司。

良友里2号
郑君晃，广东中山人。1922年6月陈炯明叛变，护送孙中山登永丰舰。后任中央陆军军官学校战术教官。

良友里 4 号
王景贤,字季良,天津人,导淮委员会技正。
安汉,字杰三,实业部农村署技正。中国科学社社员。
朱实甫。

良友里 9 号
毕文瀚,资源委员会专门委员。

良友里 10 号
宋希尚,河海工程专门学校特科毕业,交通部技正。中国科学社社员。
河南省政府所属焦作中原煤矿公司。

良友里 11 号
林平一。

良友里 12 号
中德合营欧亚航空公司南京事务所。

良友里 13 号

吴裕后,浙江人,曾任中山大学、暨南大学、政治大学教授。

良友里 15 号

林斯贤,福建闽侯人。保定陆军速成学堂第二期骑兵科毕业,曾任奉军第十九混成旅司令部参谋长。

吴季玉。

良友里 16 号

冯逸铮,字翼之,陕西人,立法院法制委员会科员。

苏俄评论社。

良友里 17 号

陈扬,字逸飞,导淮委员会设计测量队队长。

张谞行、陈亚芳夫妇。

良友里 18 号

张廷灏,字辛生,浙江人,导淮委员会顾问,张静江侄子。曾参加五四运动,加入中国共产党。1924 年经毛泽东推荐,任国民政府上海市执行部组织部秘书。1925年参与国民党上海市党部筹备工作,任国民党上海特别市党部青年部长、国民党民众训练部民众训练指导处处长。曾与茅盾创办《国民日报》。抗战胜利后,由重庆返沪,任国民政府监察院编辑,并任《飞报》报社经理。

慰安所

良友里19号

蔡均,字仲留,嘉兴人,导淮委员会测绘组制图股股长。

刘广熙,江苏崇明人,导淮委员会委任技工。

良友里20号

汪胡桢。

中国水利工程学会出版委员会。

席应忠,四川绵阳人,南京市立医院医师,我国口腔医学正畸专业的奠基人。

国立河南大学旅京校友会。

良友里21号

倪炯声,贵州贵阳人,立法院秘书处处长。

曹经沅,字纕蘅,四川绵竹人。历任北洋政府内务部科长、秘书,安徽省政府秘书长,国民政府行政院参事等。曾主编《国闻周报·采风录》,著有《借槐庐诗集》。

良友里22号

杨亮功,安徽巢县(今合肥巢湖市)人。1920年毕业于北京大学,1928年获纽约大学博士学位。曾任安徽大学校长、北京大学教育系系主任等职。中国科学社社员。

良友里23号

朱其清,上海人。南洋公学毕业,美国斯坦福大学无线电学博士。1927年创立三极锐电公司,该公司是我国早期的无线电公司之一。后为资源委员会电气研究室主任,是全国电气工业的总负责人。中国科学社社员。

张可治,江宁人,曾任工商部、实业部技正,中央大学机械系主任。中国科学社社员。

赵季俞,浙江鄞县(今宁波市鄞州区)人,南京民众教育馆馆长。

韩曼龄。

良友里 24 号

陈菊芬，别号馨远，祖籍浙江。

良友里 25 号

高鲁，字曙青，福建长乐人。中央观象台首任台长，中国现代天文学奠基人之一。中国科学社社员。

良友里 26 号

刘闻雅轩。

良友里 27 号

刘闻雅轩。

国府警备旅司令部职员宿舍。

良友里 30 号

史赞铭，字新三，陕西乾县人。曾任禁烟委员会委员，监察院审计部审计兼第三厅厅长。

陈张润菊。

有一人，门牌号码不确定。

吴凯夫，安徽铜陵人，中央政治学校毕业。

据吴凯夫的儿子吴青生[①]介绍，其父原名吴守廷，于1940年首次用笔名"吴凯夫"发表了《中国边境的哥萨克民族》，后曾任蒙藏委员会驻西宁联络站主任，代表国民政府在新疆起草和颁布了《告哈萨克族书》，还被马步芳聘为青海省政府参议员。

吴青生称从记事时就住在"良友里5号"。我们判断其所说的5号应该是1950年底重新编的门牌号码，所以在这里只能定义为"门牌号码不确定"。

另有三人也曾住良友里，但门牌号码待考，现也一并列出：

刘祖舜，字韶仿，浙江黄岩人。曾任中央陆军军官学校教育厅办公室主任，军事委员会铨叙厅副厅长，第十四集团军副总司令，第二十六集团军副总司令及第三十八集团军副

[①] 吴青生，1953年出生，歌曲《插队人归来》作者。

总司令，国防部第一厅厅长等职。

张谅卿，也称张亮清，原名国威，湖北汉阳人。曾任国民革命军第二十六军第三师师长，南京中央陆军炮兵学校教育长，陆军大学兵学研究院主任，国民政府军政部专任委员等职。

周镇伦，字子藩，衢县（今衢州市衢江区）人，水利工程专家。曾任南京首都建设委员会技正，中央大学、浙江大学教授。曾制订《整理杭州自来水工程计划》。

梅园新村美名扬

谈及民国南京的"新村",梅园新村可谓名气最大的一个,这主要与当年中共代表团曾在此工作、生活过有关,其中的梅园新村30号更是由于周恩来总理曾居住过而闻名遐迩。

梅园新村有四五十幢民国建筑,开发了大致有三年时间,初期由金陵房产合作社开发,1932年年底以后则主要由乐居房产公司来开发了。梅园新村的住户很多,但人们仅知道与中共代表团相关的17号、30号和35号,而其他各幢建筑里曾有哪些人居住过,就不知晓了,即使是梅园新村30号,一般人也不知道汪胡桢就是最初的房主。为此我们在对梅园新村的基本情况做了梳理之后,也对门牌号码做了推测,还原了当年的门牌号码排列情况,并列出住户名单。

梅园新村位置和基本情况

梅园新村位于长江路东端的汉府街东侧，距总统府仅百十来米。《南京地名大全》对梅园新村有如下介绍：

> 梅园新村　街巷。位于汉府街中段北侧，煦园东。南起汉府街，北接大悲巷。1933年前，原是一片荒地。1937年，此地为一片梅林，后……"乐居房产公司"陆续在此建有多幢独立别墅、联排别墅，以原有梅林而得名梅园新村。街侧17、30、35号为别墅，自1946年5月—1947年3月，曾是中共代表团从重庆迁此的办公室。[①]

《南京地名大全》对梅园新村的诠释并不准确。首先梅园新村并不是1937年才开始兴建。其次，这里并没有梅林。

20世纪90年代梅园新村纪念馆的工作人员颜鸣、李磊在《几度访梅寻古人》一文中有如下表述：

> 如今的梅园新村，其实当年一棵梅花树也没有，而是邻

[①]《南京地名大全》编委会编《南京地名大全》，南京出版社，2012年，第835页。

梅园新村纪念馆以中共代表团梅园新村办事处旧址（梅园新村17、30、35号）为核心，于1996年被列为全国重点文物保护单位

近汉府街的一块荒地。30年代初，汪胡桢先生与友人在南京共同集资组建的乐居房产公司，专门代人设计施工造房子。公司将这块荒地买下后，划分一下地块，编上号，吸引别人投资，盖了一批房屋。取什么名字一时未定，后因附近有个桃源新村，就取了个梅园新村的名字，作为映衬。①

---

① 嘉兴市政协文史资料委员会编《一代水工汪胡桢》，当代中国出版社，1997年，第165页。

郭沫若发表于1946年8月15日《萌芽》第1卷第2期的《梅园新村之行》，对梅园新村有详细描述。由文中可见，梅园新村离"国府"（即后来的总统府）很近，旁边就是"铁路"（即京市铁路，有"国府站"）。这样的地方确实符合乐居房产公司所谓"地形方整，环境佳良，大小适中，交通方便"的"上乘之地"的定义。

梅园新村始建于1931年末、1932年初，由金陵房产合作社开发。最初建有"二十六宅，每宅面积四十方上下，适合建筑单独住宅之用"，且地价"极廉，较邻近地价减省二成以上"，并且保证"六个月内如不涨价，本社照原价购回"。[①]

仅仅三个多月后，梅园新村的地价就已经涨了不少，故金陵房产合作社再次发布房产信息时，称地价"较附近地价便宜三成以上"[②]。

1933年2月之后，梅园新村的开发就由乐居房产公司来负责了。乐居房产公司在梅园新村尚在开发中时便已开始发布梅园新村的房产销售信息，直至1934年10月。

---

① 《中央日报》1932年1月15日第一版。
② 《中央日报》1932年5月10日第一版。

整体考证民国时期梅园新村门牌号码

在城市老建筑、老街区的研究中，有一个看似微不足道、实际上却很重要的问题，即门牌号码的认定。只有门牌号码是准确的，遗留下来的历史建筑的主人身份才有可能得以确认，从而使得这些历史建筑成为这座城市中明确的历史"定位点"。

老建筑、老街区，特别是民国的老建筑、老街区一般都有统一的门牌编号，这些编号在民国的不同时期都有一些变化，比如抗战胜利后很多城市开始更改沦陷时期命名的街道名称，同时这些街道和建筑的门牌编号也有一定的变化，有的是全部更改，有的是局部变动。1949年后也存在这样的现象。这就提醒现在的研究者，当你在进行城市田野调查的过程中看到一些老建筑的门牌时，不能简单地把看到的门牌号当作这个建筑的唯一代码，甚至把找到的历史资料都归到这个代码之下。因为门牌号码也有自己的历史，可能有过多次变动。这就要求研究者首先要确认看到的门牌是哪个时期编的，对于民国老建筑，首先要确定现在看到的门牌是不是民国时期的老门牌。如果没有做这个认定工作，在整合历史资料时往往会出现张冠李戴的情况，而且会直接影响对这些建筑和街区的认识及定位。

从现在掌握的资料可知,民国时期梅园新村有55号,也就是说起码有55个门牌号码,而现存最大的门牌号码只到52号,由此可见现在的门牌号码与民国时期已经有偏差。

梅园新村纪念馆的史料陈列室里有一张"梅园新村纪念馆导游图",还有一座"梅园新村及周边环境"的微缩模型。对照导游图和模型,再结合实地考察的资料,我们对民国时期梅园新村的门牌号码做了推断。

目前,梅园新村能确定的民国门牌号码为17、18、30、31、35号,以此为基础,我们又对其他号码进行了推断。

"梅园新村纪念馆导游图"中"史料陈列室"所在的位置,在"梅园新村及周边环境"微缩模型中显示为两幢联排住宅,而从梅园新村现存的门牌号码看,史料陈列室东边还有两幢联排住宅,门牌号码分别是1—4号和9—12号,但中间的5—8号和之后的13—16号却消失了。由此推断,"史料陈列室"所在位置原本的两幢联排住宅,门牌号码可能就是5—8号和13—16号。

"梅园新村纪念馆导游图"中"周恩来图书馆"所在的位置,在"梅园新村及周边环境"微缩模型中显示为四幢单体别墅。而从梅园新村现存的门牌号码看,缺失了19—21号、

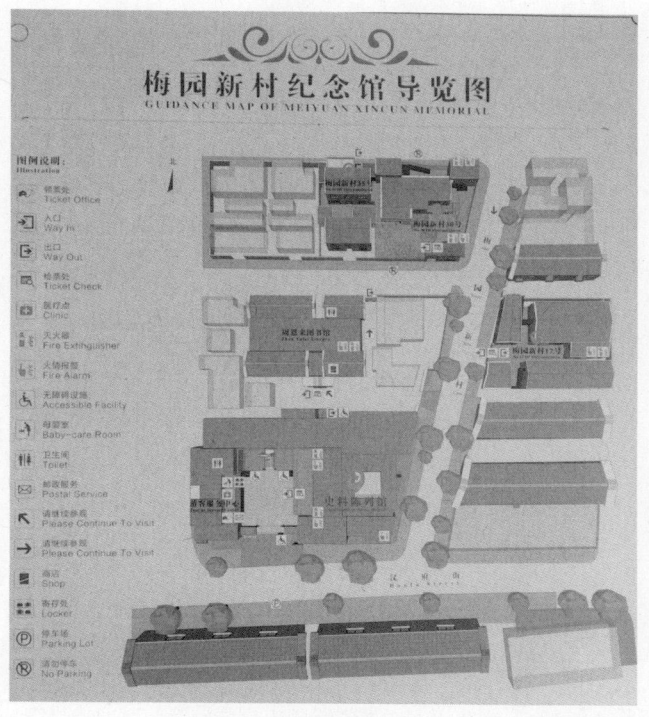

梅园新村纪念馆导游图

25—27号六个门牌号码。现在的"周恩来图书馆",看似为一个整体,但实地站在稍远的地方望去,会发现其是由几栋建筑改造而成的,依稀可见其中靠西的两栋为联排建筑,

梅园新村及周边环境微缩模型图

图书馆总体占据了六个门牌号码的体量。由此初步判断周恩来图书馆占据的正是 19—21 号、25—27 号这六个门牌号码。

现存的梅园新村 22—24 号为联排住宅，28—29 号也为联排住宅，但这两幢的门牌号码是按自西向东的方向编排的，与前面的排法不一致，由此推断可能是后来重新编排过的。

现存的梅园新村 34、40、41、46、47 号并不是民国建筑，又如现在的梅园新村 38 号院内有两幢楼房，后面的门牌号码虽然连贯，但感觉和民国时期已经不同。

由于梅园新村17、30、31、35号定位明确（17、30、35号为中共代表团住地，31号为监视中共代表团的特务住所），那么31号西边的两幢则为32、33号，而35号西边的两幢便为36、37号，这相对容易推断。但37号之后的门牌号码推测就较为困难了。

朱其清的儿子朱滞在《穿越百年认识朱其清和中国无线电事业的发展》一文中谈到"抗战胜利不久，全家人就返回我们南京梅园新村40号的家"，并提及"周恩来同志的中共南京办事处就在我家隔壁"。

那么，朱其清的"梅园新村40号"是在17号隔壁，还是在30号或35号"隔壁"呢？由于17号与30号、35号有点距离，且是工作人员的住所，我们判断朱其清家靠17号的可能性较小，而30号和35号是紧挨着的，故在30号和35号之间做进一步推断。

我们判断朱其清的40号靠30号更近一点，极有可能就是现在的38号右侧。做出这样的判断，主要基于三点。一是梅园新村30号为周恩来的住所，且占地面积比35号大一倍以上，也是国共谈判时各方关注的焦点，故其所提及的"周恩来同志的中共南京办事处"更可能是指30号。二是现在的梅园新村38号与30号背靠背，相当于隔壁关系，而朱其清与汪胡桢、林平一都是最初良友里的住户，后来又一起搬到梅园新村，居住环境肯定较良友里更好一些，林平一的18号、汪胡桢的30号、朱其清的40号，恰恰均是靠路口较好的位置。三是朱其清是资源委员会电气研究室主任，无线电专家，也是全国电气工业的总负责人，41号（现38号左侧）为资源委员会保管处，42号（现39号）为电力及机料采购专家张延祥（任职于资源委员会电气研究室）的住所，朱其清选择与之邻近的位置也是合理的。

推断过程复杂而琐碎，就不再一一详述了。总之，结合手头有限的资料，我们对民国时期梅园新村的门牌号码做了一个简单的推测，并绘出如下示意图，期待与对此有兴趣的朋友一同探究。

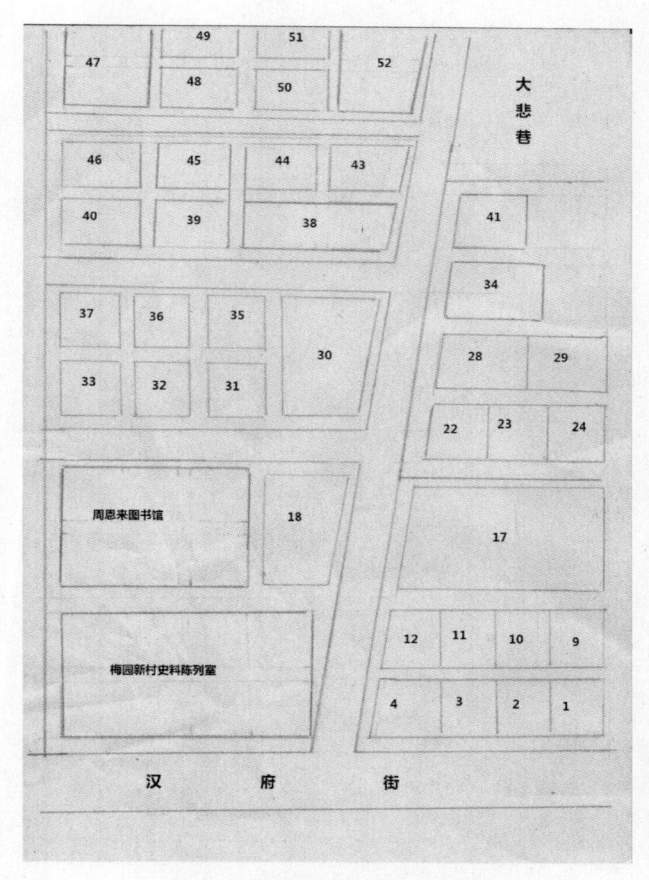

如今梅园新村门牌号码示意图

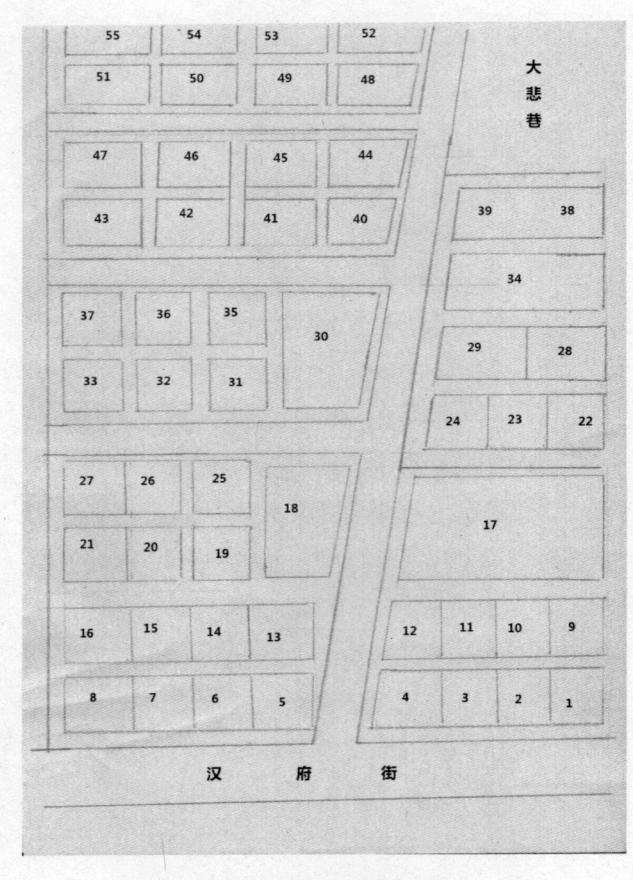

民国时期梅园新村门牌号码示意图

中共代表团与梅园新村

1946年5月,以周恩来为首的中国共产党代表团由重庆前往南京,并在南京同国民政府代表进行了10个月零4天的谈判。这个期间,中共代表团就在梅园新村17号、30号、35号居住及办公。其中梅园新村30号是周恩来总理和邓颖超同志办公和居住的地方,35号是董必武和李维汉、廖承志等代表团成员办公和居住的地方,17号是代表团其他工作人员办公和居住的地方。

汪胡桢——梅园新村30号的老主人

颜鸣、李磊在《几度访梅寻古人》一文中对梅园新村30号有如下描述:

这是一幢美国本格芦式风格的建筑。西式牌楼,黑色双开大门,上有铸铁门券。进入大门是挡雨檐,由两根希腊式廊柱支撑。大门右边是门房和汽车库。主建筑屋顶没有大梁,每隔4尺距离有3根椽子,每根椽子截面2×4英寸大小。红瓦青砖,一层带阁楼。坡面屋顶,上有老虎窗。走上四级踏步,是一个前出廊,有白色油漆木质栏杆,栏杆近屋顶处有图案

如今的梅园新村 30 号

花纹，地面是杂色水磨石镶铜条。靠进门口处有一个水磨石镶铜条的"寿"字，门上有拱形门楣，拱形玻璃透气窗。进门右边是一个套房，外为书房，内有卧室，窗为棱形玻璃格栅平开窗。卧室外另有个平台，水泥铸花栏杆，杂色水磨石地面，通过两级踏步可到院子。踏步东边有一个水池，可以喷水养金鱼。进门左边是一个大厅，用半截壁橱居中将它隔断，前是会客室，后为小餐厅，餐厅墙上有小窗，通向后边的附属建筑——厨房。会客室窗为条形玻璃格栅平开窗，餐厅窗上是铸铁花纹隔栅。室内地板均为洋松木的,卫生间铺地砖,门窗、栏杆均漆白色,显得典雅、清新。厨房平顶上盖半间房屋,是男佣住的。整幢房屋建筑面积为361.1平方米。

……

梅园新村30号的房子建于1933年。是年冬,汪胡桢一家开始住进去。1937年抗战(全面)爆发,全家人为避战乱,躲入上海租界内,留下一个男佣看守房子。……①

此文的两位作者是20世纪90年代梅园新村纪念馆的工作人员,他们对梅园新村30号建筑的描述应该是比较细致和准确的,还特意注明梅园新村30号为汪胡桢的住所。

如今梅园新村纪念馆史料陈列室内"驻地由来"中对汪胡桢当年组建乐居房产公司、建造梅园新村等情况进行了介绍,但并没有注明梅园新村30号的原主人就是汪胡桢:

20世纪30年代初,著名水利水电工程专家汪胡桢在南京集资组建乐居房产公司,将梅园新村这块地买下后,建造

---

① 嘉兴市政协文史资料委员会编《一代水工汪胡桢》,当代中国出版社,1997年,第165—166页。

梅园新村纪念馆史料陈列室"驻地由来"（摄于2018年3月17日）

一批房屋。因附近有桃园新村①，便将这里取名梅园新村。中共代表团将抵南京时，国民党南京市政府将梅园新村30号、17号征收后，交给中共代表团使用。代表团进驻后，为工作需要又购置梅园新村35号，同时加盖了17号南楼。

---

① 此处有误，当为"桃源新村"。——编者注

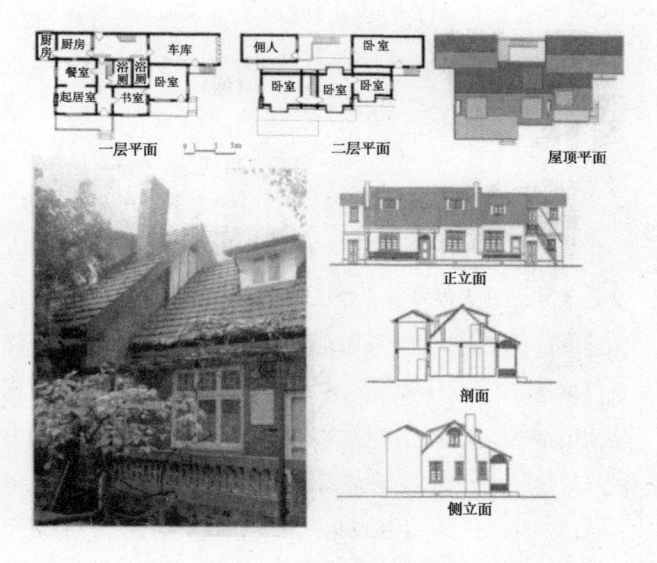

日本人占用后在东北角加盖了车库，现在的梅园新村 30 号已非最初的模样了[1]

汪胡桢本人在《回忆我从事水利事业的一生》中对梅园新村 30 号的描述则较为简单：

---

[1] 蔡晴、姚赯：《南京近代住区的营建特征与保护观念初探》，《华中建筑》2006 年第 11 期。

……梅园新村建成后,我与林平一两家都各自再建一宅。我住的是梅园新村 30 号,为一幢美国本格芦式房屋,有小花园,种植一些花木,颇称幽雅。[1]

至于梅园新村 30 号的设计者,颜鸣、李磊在文章中称:"汪胡桢先生当时风华正茂,也有一定的经济实力,且本人又是水利水电工程专家,便以梅园新村 30 号的一块地皮作为地基,自己设计并由乐居房产公司盖了房子。"[2]这一说法应该是可信的。汪胡桢确实有设计能力,而那时相对也比较清闲,之前他还设计建造了良友里,此时再设计自己的梅园新村住宅,也是极有可能的。汪胡桢在回忆文章中特意提到梅园新村 30 号的建筑风格是"美国本格芦式",应该和其有几年的美国留学经历,并在欧美多国考察过水利,而对"本格芦式房屋"情有独钟有关吧。

实际上汪胡桢最初是住梅园新村 5 号[3],由于其当时还是中国水利工程学会出版委员会委员长,所以出版委员会的

---

[1] 嘉兴市政协文史资料委员会编《一代水工汪胡桢》,当代中国出版社,1997年,第291页。
[2] 颜鸣、李磊:《几度访梅寻古人》,载嘉兴市政协文史资料委员会编《一代水工汪胡桢》,当代中国出版社,1997年,第165页。
[3] 汪胡桢于 1933 年 6 月由良友里 20 号搬至梅园新村 5 号。

通讯处也设在梅园新村5号[①]。汪胡桢于1934年3月搬至梅园新村30号，中国水利工程学会出版委员会的通讯处从8月份起也改为梅园新村30号。

但汪胡桢在梅园新村30号也仅仅住了三年多，就由于全面抗战的爆发，被迫离开南京，经由扬州等地转赴上海避难。1937—1945年，梅园新村30号"一直被日本人占据着，据说是改作了卫生院。在这期间，日本人将房子稍做改动，在主建筑东北角上盖了个汽车间，汽车间楼上是3间小房子，

中國水利工程學會

總幹事通訊處：　　　　　　杭州浙江水利局
出版委員會通訊處：　　　　國府路梅園新村五號

董　事　會

李儀祉	西安陝西水利局	李書田	天津華北水利委員會
汪胡楨	南京國府路梅園新村三十號	陳懋解	南京建設委員會
沈百先	鎮江江蘇建設廳	宋希尚	南京揚子江水道整理委員會
張自立	杭州浙江水利局	須愷	南京導淮委員會
孫輔世	蘇州太湖流域水利委員會	周象賢	杭州市政府
彭濟羣	天津華北水利委員會	陳湛恩	南京內政部
張含英	開封黃河水利委員會	許心武	開封黃河水利委員會
徐世大	天津華北水利委員會		

1934年3月《水利》月刊上注明中国水利工程学会出版委员会通讯处为"国府路梅园新村五号"，汪胡桢的通讯地址为"南京国府路梅园新村三十号"

---

① 汪胡桢住良友里20号时，中国水利工程师学会出版委员会的通讯处为良友里20号。

楼梯、门窗均为深紫红色,夹竹桃、月季花、秋千架、长靠椅等已不复存在"[1]。所以梅园新村30号从1937年12月以后,就已不再是当初建好时的模样了,而当年究竟是怎样的景象,我们也只能凭借零星的文字资料去想象了。

梅园新村18号——林平一旧居

林平一与汪胡桢虽非河海同学,但与河海毕业的沈百先于1923年一同赴美国康奈尔大学和爱荷华大学留学,和汪胡桢也算是康奈尔的校友。导淮委员会成立后,林平一与汪胡桢都在工务处设计组任工程师。后林平一与汪胡桢一同合作建设良友里,也是乐居房产公司最主要的两位股东之一。

当时,汪胡桢、林平一在梅园新村各选一地,按各自的喜好建房自住,林平一住18号,汪胡桢住30号,两家紧挨着。18号和30号的占地面积也是梅园新村里最大的。林平一的18号为西式楼房,高大宏伟,不同于汪胡桢的30号,30号是带廊柱的西式平房。(汪胡桢对平房情有独钟,于1948年在老家嘉兴重建的依旧是平房,取名"湖滨小筑"。)

---

[1] 颜鸣、李磊:《几度访梅寻古人》,载嘉兴市政协文史资料委员会《一代水工汪胡桢》,当代中国出版社,1997年,第167页。

汪胡桢、林平一两家紧挨着，均占据较好的位置。左为梅园新村18号，林平一家；右为梅园新村30号，汪胡桢家

梅园新村18号现为梅园新村纪念馆内部办公用房

附录：梅园新村住户名单

1932—1949年间，入住梅园新村的人员很多，有房主自住的，也有出租等情况。例如梅园新村1—4号、5—8号、9—12号、13—16号为四幢联排住宅，目前所知，1—4号、9—12号这两幢联排住宅的原房主为一卓姓中医[①]，房屋主要用于出租或子女居住；而现在已知的一些名人也曾在这两幢联排住宅中居住过，如3号的程沧波等。南京沦陷期间，梅园新村5—8号、13—16号、18号、30号、37号都被日本的陆军部队占用。

现将目前能知晓的梅园新村曾经的住户（机构）简单介绍一下，门牌号码为民国时期的旧号码（一个门牌有两个及以上住户的，一并列出）：

梅园新村3号

程沧波，字晓湖，江苏武进人。新闻工作者，新闻教育家。1932年5月被任命为改组后的国民党中央机关报《中央日报》

[①] 杨新华等编著《南京民国建筑图典》，南京师范大学出版社，2016年，第34页。

首任社长。后又任监察院秘书长、中宣部副部长等职。

梅园新村5号
汪胡桢。
航空委员会职员宿舍。
中国水利工程学会出版委员会。
乐居房产股份有限公司、金陵房产建设社。

梅园新村6号
航空委员会职员宿舍。

梅园新村7号
袁开基,浙江上虞人,卫生署麻醉药品经理处技正、中华工业研究所所长等。
航空委员会职员宿舍。

梅园新村8号
彭醇士,江西高安人。1928年任广东省政府秘书,后任江西省府参事兼南昌行营秘书。曾获1964年马尼拉国际诗人大会之"桂冠诗人"奖。

航空委员会职员宿舍。

梅园新村 11 号

邓鸿业,字建侯,山西襄陵人。历任北伐先遣军总司令部军需官,豫军总部军需处处长,国民政府蒙藏委员会专门委员、军事委员会委员。

梅园新村 13—16 号

航空委员会职员宿舍。

梅园新村 17 号

吕谷凡,浙江鄞县(现宁波市鄞州区)人。上海圣约翰大学毕业,安利有限公司代表。

中共代表团工作人员办公驻地。

民社党党部。

梅园新村 18 号

林平一。

梅园新村 19 号

钟济宁,房主。使用人:青年党办事处。

梅园新村 21 号

郦定摩,浙江诸暨人,卫生署科员。

梅园新村 22 号

黄凌霜,广东台山人。1929 年任暨南大学教授兼历史社会学系主任。1930 年任中央大学社会学系教授兼主任。

梅园新村 28 号

周柏年,字君鹤,浙江湖州人。中国同盟会创始会员之一。19 岁赴日本留学。1908 年与陈其美一起回国,任职于同盟会上海支部。1909 年加入南社。1910 年协助于右任、宋教仁创办《民立报》。晚年创办南浔中学。1933 病逝于南京。

陈焯,字空如,浙江奉化人,蒋介石的表弟。保定陆军军官学校第三期炮兵科毕业。曾任国民革命军第一军参谋长、第二十六军军长,首都警察厅厅长、军事委员会调查统计局副局长等职。

梅园新村 29 号

陈焯。

龚理平,字长坦,湖北黄陂人,中央大学教育学院卫教科讲师。

梅园新村 30 号

汪胡桢。

中国水利工程学会出版委员会。

中共代表团。

民盟总部(南京)。

梅园新村 32 号

罗桑坚赞,字吉仲,西藏人,蒙藏委员会藏事处处长。

梅园新村 35 号

许本震,字恪士,安徽歙县人。德国耶拿大学哲学博士。1926、1927 年,两次代表中国政府出席在德国慕尼黑和瑞士洛桑举行的世界教育会议。后任中央大学教育长兼南京实验中学校长。

中共代表团。

梅园新村 36 号

李世茵,房主,邱维达妻子。邱维达,1937 年南京保卫战时为七十四军五十一师三〇六团团长,1947 年张灵甫阵亡后接任七十四师师长。邱维达在南京还有一处房产,复成新村 24 号。

梅园新村 38 号
陈凤顺。

梅园新村 40 号
朱其清。

梅园新村 41 号
资源委员会保管处。

梅园新村 42 号
张延祥,电力及机料采购专家,曾任职于朱其清领导的资源委员会电气研究室。

梅园新村 44 号

朱闰生，中国农民银行经理。

梅园新村 45 号

陈恒义，北京人。1928年毕业于协和医学院，获博士学位。1934年任中央医院外科主任医师。骨科专家。

上海燃管会南京办事处。

梅园新村 54 号

张灵芬，地政部专员，房主。使用人：伞兵团团长姜佐民。

梅园新村 55 号

毛礼锐，江西吉安人。1929年毕业于东南大学教育系。大学期间，与同学组织"中国教育研究社"，决心走"教育救国"之路。1935年赴英国伦敦大学皇家学院教育系专攻教育学原理。1937年获美国密执安大学教育学硕士学位。中国教育史学科体系的主要奠基人之一。

毛智汇，江西吉安人，华侨通讯社社长。毛礼锐之子。

门牌号码不详的有两人：

赵良勋，广西桂平人，卫生部精神病院秘书。

郑介民[①]，海南文昌人。复兴社核心人物之一，曾任国民党军统局局长。

[①] 现在有资料上讲"梅园新村44号"为郑介民公馆。按推测，现在的44号为民国时期的45号。不过现在的44号并没有南京市政府的挂牌，需做进一步考证，所以在这里归为"门牌号码不详"。

桃源新村的联排公寓

桃源新村以联排住宅为主,也有相当数量的独立住宅。现在有不少研究文章把桃源新村的联排住宅定义为民国时期政府机关中低层职员的住宅,这样的定义其实是不准确的。

从现代史学家、语言学家朱希祖已出版的《朱希祖日记》中,我们得知其曾于1934年5月至1936年9月间搬过三次家,涉及大悲巷、太平桥南、桃源新村和晒布厂等地。这几处都是楼房,靠得都比较近;且由于朱希祖的书架、书籍、家具颇多,房屋的大小应是其考虑的主要因素。对其居住时间最长的桃源新村,其日记中的描述是有"三层楼",且"眺望东北、东南风景颇佳"。从中不难看出,桃源新村的住所不仅宽敞,而且视野较好,售价应该不低。

另外,从我们考察到的桃源新村的住户情况来看,军政高层人士占据相当部分,还有诸如大学教授、医生等高收入人士，可见其绝非只是"政府机关中低层职员"的住宅。

桃源新村位置和基本情况

桃源新村在梅园新村北面，距梅园新村仅一两百米。《南京地名大全》对桃源新村有如下介绍：

桃源新村　街巷。位于梅园街道东南部，梅园新村北侧。

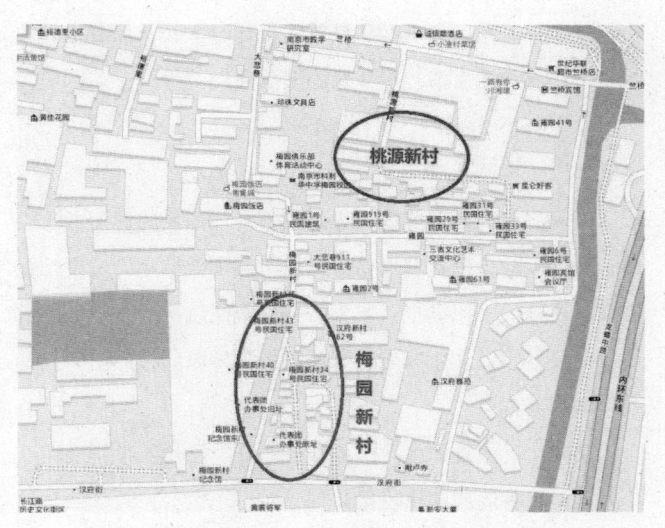

桃源新村隐于都市中，周边都是小街巷，很难发现

南起雍园,北至竺桥。此处原为一片桃树林。民国《新南京实测详图》已载有桃源新村名,为国民政府公务员住宅区,以"桃源"二字加通名"新村"二字组合得名。后新村主要通道发展成街巷,以村名得街巷名。

桃源新村以联排住宅为主,另还有带院落的西式洋房。其为乐居房产公司早期(金陵房产合作社)开发的房产,这些联排住宅应该就是良友里的延续,也是当时最受欢迎的主力户型。带院落的西式洋房体量大都比较大,居住者也都颇具实力,例如桂永清、郑介民等人。

联排住宅式公寓

开发房产,自然应该首先开发客户最需要的房型。汪胡桢、林平一应该是从合作建设良友里看到他们建的房屋是很受大家欢迎的,想必把良友里的经验复制后稍加改进,就可以取得良好收益,所以把联排住宅作为桃源新村的主力户型也就顺理成章了。

实际情况也是如此。桃源新村的开发比良友里稍晚两三个月,但开发周期却比较长。

首批房屋是金陵房产合作社于1931年8月开始寻求合

桃源新村的联排住宅

作者的，最先建的房屋是"钢骨水泥新式模范住宅"，"环境优美，空气、光线充足"，"每屋一幢连地四千四百元"。

首两批房屋很快预购一空，所以金陵房产合作社三个月后（1931年11月19日）再发消息，称"续建两层钢骨水泥新式模范住宅八幢，落成甚速，有客厅、膳堂、卧室、厨房等七间，十分宽畅，水电设备齐全"，价格仍是"四千四百元"。

同时金陵房产合作社在同一天发布的房产信息中提及桃源新村还有"二层花园住宅四所，布置精巧，价目极廉"。

至1932年9月，金陵房产合作社又发布消息称桃源新村已建屋39幢，均已售罄，并又建8幢，开始预售。

1934年7月，乐居房产公司销售桃源新村的房屋是"平洋房数幢"，10月开始销售的则是"独院小住宅"。

至1935年3月，桃源新村完全落成。乐居房产公司在广告中称桃源新村是"专家设计，最新款式，房厅八间，清雅园庭，铜纱钢窗，时代电灯，浴缸面盆，抽水马桶，一应俱全，连同基地，定价出售，全无中佣"的"精美住屋"。

现桃源新村的联排住宅有五幢，分别是5—12号、15—22号、23—34号、35—42号、43—48号。每幢的房型都有区别。例如，35—42号，住宅共有三层（其中有一夹层），

桃源新村的"精美住屋"即将售罄，复成新村的"模范住宅"开售

桃源新村的每幢联排住宅由数个居住单元排列组成，每个单元的进深都达十四五米，结构紧凑，实则体量很大，性价比高

联排住宅是桃源新村的主力户型,由金陵房产合作社于1931年11月发布的售房启事中可知,当年所建联排住宅起码8幢以上,但现仅存5幢

室内共分8个独立的单元[①],每个单元开间4米,进深14.5米;43—48号,共有6个单元,该住宅为两坡顶,楼高两层,北侧利用楼梯平台高差设计为三层,面宽6米,进深15米。

桂永清与桃源新村

桃源新村的住户结构与良友里的大致情况差不多,以大学教授、医生、工程技术人员为主,但也有一些军方人士,

---

① 8个单元,其实就是8户。

如复兴社"十三太保"之一的桂永清,以及与桂永清关系密切的首都护卫队、南京卫戍区的人员等,而郑介民也在桃源新村有公馆。目前所知,南京被称为"郑介民公馆"的房屋有三处,分别是天目路18号[①]、梅园新村44号和桃源新村13—14号。此三处,除了梅园新村44号外,其他两处均已挂牌。

已知桂永清的公馆在百子亭,大多数的介绍文字上都称百子亭19号为桂永清公馆,而《南京市接管代管房屋简明手册》上则标注桂永清的公馆门牌号码为百子亭11号,这或许又是一个同一建筑现在的门牌号码与民国时期的门牌号码不一致的例证了。

桂永清,字率真,江西贵溪人。黄埔军校一期生。1931年赴德国柏林,入德国步兵专科学院深造。1932年任复兴社中央干事、训练处处长。1933年任中央军校教导总队总队长。1934年任七十八师师长。1938年任战时干部训练团教育长(团长蒋介石,副团长陈诚),同年任二十八军军长。1941年任驻德武官。1946年任海军总司令。

[①] 天目路18号的房主为张世聪,使用人为郑介民。参见军管会房产管理处编《南京市接管代管房屋简明手册》,1950年5月15日刊印,第95页。

南京市玄武区人民政府于2013年10月21日挂牌，认定桃源新村13—14号为郑介民公馆。不过如图中所示，院内两栋建筑的墙上还有南京市人民政府于2009年4月的挂牌，注明这两栋楼房"曾经是国民党联勤总部财务司长戴丹山（1947）、国民党国防部长秦一江（1947）的寓所"。但翻阅资料，国防部并无一个叫"秦一江"的部长。而在《南京市接管代管房屋简明手册》中，"戴丹山"却为"经济部处长"，其房屋地址为"竺桥19号之1"（摄于2019年5月10日）

    桂永清曾在桃源新村居住的信息，主要见于当年与桂永清关系密切者的回忆，但均未谈及具体的门牌号码。据《高信的人生历程》中记载，桂永清的住宅位于国民政府军事委员会高参胡靖安的住所隔壁，胡靖安住桃源新村42号。[①]

---

① 刘伟森主编《高信的人生历程》，1992年，第34页。

乐居房产公司开发的房产，一直都有军方人士购买。例如购买复成新村10号的文朝籍，当时是七十八师师长，其堂侄文鸿恩在上海市公安局局长任上去世，上海市市长吴铁城调文朝籍接任上海市公安局局长，而文朝籍的七十八师师长之职则由桂永清接任。七十八师司令部参谋处长兼师干部训练班主任陈倬也在复成新村购置有房产。桂永清当时为中央教导总队总队长，被授予拱卫首都的军事大权，由此推断，其购置乐居公司开发的桃源新村，可能性是很大的。

桂永清黄埔时期的同学帅学富在《五车书室见闻录》中提及其到南京时，曾赴桃源新村拜访桂永清，并在桂公馆碰到桂永清的总队部胡副官长（即胡靖安）。

而桂永清的部下蔡杞材在《复兴社的军事处及护卫队》一文中，也曾提及"南京桃源新村桂永清住宅"：

复兴社总会军事处成立后，即着手筹建护卫队。……1934年3月假南京中央各军事学校毕业生调查处（即黄埔同学会）成立首都护卫队。……由桂永清兼任队长，蔡杞材兼任队附。……为了便利桂永清的指挥掌握，设队部于南京桃源新村桂永清住宅左邻的一幢洋楼内……大概经过一个多月的时间，由于桂永清的兼职过多，队长一职改由军事处助理干事胡靖安兼任（胡也住在桃源新村护卫队队部附近），我仍兼任队附。……胡靖安因此被撤掉了复兴社内的本兼各职，首都护卫队队长改由军政部化学兵总队长李忍涛兼任。李虽然不是黄埔学生，但与桂永清是同时留德的好朋友，他的老婆是个德国女人，他的住宅也在桃源新村。①

由上文可知，1935年前后，桂永清、李忍涛的住宅，以及首都护卫队队部，都在桃源新村。而到了解放战争期间，桃源新村更是成了军方聚集的重要场所。李子亮、邹彬在《京沪地区蒋军的江防守备及崩溃实况》一文中有如下表述：

一九四九年一月蒋介石下野前三天，首都卫戍总司令张耀明在南京国府路桃源新村其司令部所在地召集南京附近各部队团长以上人员举行会议，蒋介石亲自出席训话，……②

张耀明的司令部在桃源新村，而副司令万建藩也住桃源

---

① 中国人民政治协商会议湖南省委员会文史资料研究委员会编《湖南文史资料选辑·第3辑》，湖南人民出版社，1982年，第135—138页。
② 李子亮、邹彬都是当时的国民党将领。参见李子亮、邹彬等《京沪地区蒋军的江防守备及崩溃实况》，载中国人民政治协商会议江苏省委员会、文史资料研究委员会编《文史资料选辑·第65辑》，中华书局，1979年，第73页。

桃源新村1—4号东面的联排住宅，现在的门牌号码为竺桥15号。如桂永清的住所为1—4号中的一座，那么竺桥15号正好与这四幢"左邻"

新村。万建藩住桃源新村的信息来自于劲所编著的《上海1949》。此书主要讲述1949年的上海战役，故事情节不少，但也夹杂了很多当时的史料，其中提及当年南京的一些情况，可作一定参考。其中有如下一段叙述：

距离梅园新村以东不远的桃源新村属于国民党南京卫戍

区的军官宿舍，其中有一套是副司令万建藩的住宅。[1]

桃源新村距离总统府很近，卫戍部队的领导在此居住，确实有地理位置上的优越性。而现在的桃源新村1—4号为四幢带独立院子的西式楼房。此四幢楼房是否即为当年桂永清，以及后来张耀明、万建藩等人的住宅，这是很值得探究的。就在这四幢楼房的东边，现还保留着一幢民国时期的联排住宅（现在的门牌号码为"竺桥15号"），这是否即为当年首都护卫队的用房，同样也值得考证。

桃源新村59号——朱希祖旧居

朱希祖，字逖先，浙江海盐人，现代史学家、语言学家。1906年以官费留学日本早稻田大学，研究史学。1913年受聘为北京大学教授，后历任中国文学系和史学系主任。五四运动前，曾为《新青年》和《晨报副刊》撰稿。1920年和沈雁冰、郑振铎、叶圣陶等12人共同发起成立文学研究会，后又发起组织中国史学会。主要著作有《中国史学通论》《六朝陵墓调查报告》《明季史籍题跋》等。

---

[1] 于劲：《上海1949》，中国文史出版社，2009年，第274页。

其于1934年5月21日的日记中记载:

> 上午自竺桥大悲巷五号大儿伯商寓移居太平桥南八号西宅,共三楼二间、二楼四间、楼下四间,房租每月七十五元,房主殷姓。是日迁移最多者为书,共一千余包,每包三斤;其余箱箧等十余件而已。余与菊女先至新居安顿书籍,分类堆积,劳而忘疲。余之书房在三楼东北隅,东、北皆有明窗,置净几,下临青溪,右眺钟阜龙蟠,左望石头虎踞,其间群峰参差皆罗列于吾前,山水之美,晨夕晴雨,其态百变,正犹美人啼笑皆妍欢愁都丽,足以助我读书撰述之兴亦。①

朱希祖是章太炎的学生,鲁迅等人的师兄。他制定了中国最早的现代大学史学课程体系,使史学成为独立学科,创建了中国第一个由多所大学史学系师生组成的"中国史学会",参与制定的"历史档案整理三步法"成为其他学术机构整理档案的准绳。

朱希祖日记中所提到的"大儿伯商",即朱偰。朱偰既是经济学家,也是历史学家,被后人称为"南京历史文化名

---

① 朱希祖:《朱希祖日记》,中华书局,2012年,第466页。

太平桥南仅存的民国建筑被包围在群楼之中,但依稀能见到当年的美

城的守护者"。

朱希祖日记中提及的"大悲巷五号"紧挨着梅园新村、桃源新村,而"太平桥南"也紧靠着桃源新村。"太平桥南

八号"的西式住宅"三楼二间、二楼四间、楼下四间",应该是类似桃源新村的联排住宅,可"右眺钟阜龙蟠,左望石头虎踞",而且住所离中央研究院和中央大学都还比较近,不难看出朱希祖对这样的房子是比较满意的。

朱希祖在日记中记载,从1934年5月至1936年9月这短短两年多时间内,一共搬了三次家。第一次是1934年5月从儿子朱偰家,即上文中提到的"大悲巷五号",搬到太平桥南的西式住宅。日记中提及此处住所有三层,共有十间房。第二次是1935年2月从太平桥南搬到桃源新村59号。对桃源新村59号,朱希祖没有提及有几间房,但称"此处楼上眺望东南、东北风景颇佳","余居三楼,适于远眺"。第三次是1936年9月从桃源新村搬到"晒布厂二号之二"。此处住所也是西式楼房,"上下十四间",搬家时,书籍、书架装了一卡车,家具装了两卡车。

从朱希祖日记的记载可见,朱希祖的书籍、家具都很多,家中人口也多,所以对住所的大小应有一定要求。虽第二次搬至桃源新村59号,没有记载共有多少间房,但从第一次搬家为十间房、第三次搬家为十四间房判断,房子是越搬越大的,那么推断桃源新村59号应该不少于十间房。

"太平桥南八号"、桃源新村59号和"晒布厂二号之

朱希祖搬迁线路：大悲巷—太平桥南—桃源新村—晒布厂［《南京市实测新图》（1936年），武昌亚新地学社］

二"，这些门牌号码都是很明确的。南京现在虽还有晒布厂这个巷名，但其与民国时期的晒布厂已完全是两码事，只有孤零零的几间平房，且总共才有五六个门牌号码，总长度也仅五六十米；而民国时期的晒布厂起码有上百个门牌号码，占据很大的面积，故朱希祖曾居住过的"晒布厂二号之二"

如今的晒布厂2号为简易平房,显然和民国时期"晒布厂二号之二"的楼房是不一样的

现桃源新村5—12号、15—22号、23—34号、35—42号联排住宅都有三楼,站在三楼平台上,视野定然很好

其实已是无迹可寻了。

现在的桃源新村59号,位于新村的东南角,紧靠雍园,与57、58、60号连为一体,57、58号门朝北,59、60号与之背靠背,门朝南。现在的59号既没有朱希祖日记中所说的三楼,也无法能同时观东南和东北的风景(仅能看到东南)。现存的桃源新村的各种房型中,只有那几幢联排住宅有三楼,站在靠东面单元的三楼,可以同时观看到东南和东北的风景,故判断当年的桃源新村59号可能为这些联排住宅中的某一号。

虽现在的桃源新村还留有60个门牌号码,但我们认为一是现在的门牌号码和民国时期的门牌号码不一样(例如桃源新村59号);二是现在的桃源新村比民国时期小了一些,有一些建筑应该已经消失(目前所知,民国时期有"桃源新村61号",而现在门牌号码只到60号)。如要复原桃源新村的原始情况,则需另查找资料进行考证了。

附录:桃源新村住户名单

1931—1949年间,入住桃源新村的人员很多,有房主自住的,也有出租等情况。因未考证出现在的门牌号码与民国时期的门牌号码是否对应,下面仅将眼前能知晓的住户(机

构)简单介绍一下,门牌号码为民国时期的旧号码(一个门牌有两个及以上住户的,一并列出):

桃源新村1号

李益滋,别号沛苍,湖南宁乡人。保定陆军军官学校第三期步兵科毕业。1928年任第四十军第八十二师师长。1931年6月任军事委员会参议院参议,12月任国民政府参军处参军。1941年任国民政府参军处总务局局长。

陈幸三,房主。使用人:粮食部储运处。

桃源新村1-2号

张淼,号亦苗,浙江永嘉人。1931年获法国里昂国立图卢兹大学经济学硕士学位。1932年任国民政府主计处专员。1937年任浙江省直接税局局长。1946年任南京地政研究所导师兼代所长。

桃源新村1-3号

潘绍宽,广东人,南京市地政局技正兼测量股主任科员。

吴求哲,广东人,南京市市民银行行长。

桃源新村4号

王业鸿,字清泉,海南文昌人。郑介民的心腹。郑介民为军统局局长时,王业鸿任少将秘书兼郑介民的私人秘书。

诚允,字执中,满族姓瓜尔佳氏,辽宁辽阳人。1924年任吉林省高等审判厅厅长。1928年"东北易帜"后,当选为吉林省政府委员,并出任地方高等法院院长和吉林全省法律协会主席。"九一八"事变后,为吉林抗日联合军总司令,后又任北平军分会高级参议、东北民众救国军总司令。

黄维敬,房主。

桃源新村5号

胡光斗,医生。

汤逸舟,医生。

中国县政学会(负责人:周钟岳)。周钟岳,字惺庵,云南剑川人,近现代书法家。早年留学日本,加入中国同盟会。

桃源新村14号

蔡君硕,房主。使用人:中国银行职员宿舍。

桃源新村 15 号
左巨公,营造商,房主。使用人:中国银行职员宿舍。

桃源新村 17 号
李光,航空委员会所属空军司令部。

桃源新村 18 号
左明,嘉林营造厂。
中国国货银行。

桃源新村 21 号
施秉慧,医生。

桃源新村 23 号
孟广照,四川人,导淮委员会顾问。

桃源新村 24 号
程憬,字仰之,安徽绩溪人,历史学家、神话学家。北京大学毕业后,经胡适的帮助,进入清华大学研究院。1929年任安徽大学教务长兼文学院长。后执教于中央大学。胡适担任中国公学校长后，请程憬到中国公学任教。

沙若庐，房主。使用人：电信局职员宿舍。

桃源新村 26 号

陈大燮，字理卿，浙江海盐人。1925 年毕业于南洋公学机械科，后赴美国普渡大学深造，获机械工程硕士学位。1927 年任浙江大学副教授。1934 年任中央大学教授兼机械系主任。1943 年任交通大学机械系教授。1945 年任交通大学机械系主任，代理教务长。

桃源新村 28 号

杨家瑜，字瑾叔，江西新建人。1928 年毕业于美国普渡大学机械工程系。1929 年任北平大学工学院教授。1930 年任北洋工学院教授。1933 年任中央大学教授，1940 年兼任工学院院长。

桃源新村 29 号

董其政，字宣猷，吉林宾县人。早年在美国芝加哥大学、密苏里大学专攻法律。1929 年回国后任吉林法政专科学校教务主任，后与数位留美、留德同乡一道，创办省立吉林大学，任吉林大学法学院院长。为东北中山中学的主要创始人之一。

桃源新村 32 号
钟廖月琴，厦门人，南京市立医院护士主任。
钟世宗，字西窗，厦门人，卫生署麻醉药品经理处技正。

桃源新村 33 号
牛淑贞。

桃源新村 34 号
史尚宽，字旦生，安徽桐城人。毕业于日本东京帝国大学法律系。1922 年赴德国柏林大学研究法律，1924 年转法国巴黎大学研究政治经济。1927 年回国后，历任中山大学、中央大学、政治大学教授。

桃源新村 37 号
陈天锡，字伯稼，福建闽侯人。1918 年任外交部秘书，结识戴季陶。1929 年起，一直担任考试院秘书。自 1917 年起坚持写作日记，留下大量珍贵的民国时期史料。著有《迟庄回忆录》《戴季陶先生编年传记》等。

桃源新村 42 号

胡靖安,字中道,江西靖安人。黄埔军校二期生。毕业后历任蒋介石的上尉随从副官、少校随从副官、中校随从参谋、少将随从参谋。1929 年,赴德国留学。归国后,先后任国民党军事委员会总办公厅少将高参、军事委员会驻四川参谋团少将高参、蒋介石侍从参谋等。

桃源新村 43 号

欧阳藻,留美电机硕士、工业博士,中央电工器材厂运输处主任兼副厂长。

桃源新村 52 号

顾学勤,字孟杰,天津人。1929 年毕业于香港大学医学院。1934 年起在爱丁堡和伦敦大学附属医院进修三年,入选英国皇家外科学院院士。1937 年回国,任南京中央医院外科主任医师。

孙克宽,字剑逸,安徽舒城人。

桃源新村 54 号

须恺，导淮委员会总工程师，我国水利电力系统一级工程师。

须正，字岁初，导淮委员会设计测量队计算绘图员。

桃源新村 55 号

张伦官，字楞观，浙江鄞县（现宁波市鄞州区）人，导淮委员会工程处技正。

桃源新村 58 号

李善诒，字荪谷，南京市筑路摊费审查委员会办事员。

桃源新村 59 号

朱希祖。

桃源新村 60 号

大华通讯社，负责人王仙舟。

桃源新村 61 号

江西省东乡县旅京同乡会（1947 年 4 月 22 日在南京成

立，李鸾为负责人）。

以下人员也曾住桃源新村，但门牌号码不详，现也一并列出：

桂永清虽有不少回忆文章谈及"桂公馆"在桃源新村，但都没有明确的门牌号码，待考。

郑介民，虽南京市给现在的桃源新村13、14号挂牌"郑介民公馆"，但我们判断"13号""14号"并非民国时期的门牌号码，具体情形待考。

尹赞勋，字建猷，河北平乡人。1923年毕业于北京大学地质学系。1931年获法国里昂大学理学博士学位。回国后任江西地质调查所所长，中央地质调查所技正、代理所长。中国志留系研究的奠基人。

孙健初，字子乾，河南濮阳人。1927年毕业于山西大学。1929年任中央地质调查所地质调查员。玉门油田的开拓者。

张宗良，安徽庐江人。中央大学毕业，后考入英国伦敦大学研究院，获政治学博士学位。回国后历任国民革命军第三十三军少将参议、军事委员会政治部中将副秘书长、中央训练团中将办公厅副主任。

胡体乾，字筠岩，社会学家，教育家。1923年赴美国芝加哥大学研修政治经济与法律专业。1931年受聘中山大学，开设人类学课程，历任教授、文学院社会系主任、法学院院长。抗战期间随校辗转流离，坚持教育教学。

李忍涛，云南鹤庆人。清华大学和美国弗吉尼亚军校化学科毕业。1929年赴德国陆军参谋大学化学兵专业深造。1932年任国民政府新成立的军政部化学兵队队长，为防化兵种创始人。

万建藩，南京卫戍区副司令。1935年任第十三军（军长汤恩伯）参谋长。1940年任第三十一集团军（司令汤恩伯）参谋长。1945年任第十九集团军副总司令。1946年11月，任国民大会筹委会警卫处副处长。

汤土，字致古，安徽合肥人。曾任第三十二集团军（司令上官云相）参谋长。抗战胜利后任国防部参事室中将主任。

复成新村——幸存的经典

南京于20世纪30年代所建的民国住宅,历经八十余年,除颐和路公馆区的住宅保护相对好点以外,其他的状况相对都比较糟糕,有好多甚至已经消失。而像复成新村这样独立、封闭,保存基本完整的住宅区,在南京(甚至全国)已很难再找到了。

复成新村位置和基本情况

复成新村北临常府街,南邻绣花巷,西接申家巷,东至马路街。其由南京乐居房产股份有限公司开发,从1934年开始建设,至1937年基本结束(少量抗战胜利后建设),先后建造了44栋独立的西式楼房(含西式平房),是民国时期南京的高档住宅区。2009年这个街区被南京市政府命名为"南京重要近现代建筑风貌区"。

《南京地名大全》对复成新村有如下介绍:

复成新村 居民区。位于常府街东段南侧,申家巷与马路街之间。西至申家巷,南至绣花巷。建于20世纪30年代,为国民党高级官员住宅区,有独院式现代住宅示范区共46幢,以东临复成桥而得名。[1]

复成新村北临常府街,南邻绣花巷,西接申家巷,东至马路街

---

[1] 《南京地名大全》编委会编《南京地名大全》,南京出版社,2012年6月,第708页。

复成新村首次出现在大众视野是 1935 年 3 月 14 日，乐居房产公司在《中央日报》发布"展览模范住宅"信息：

本公司在复成桥马路街建设复成村，现已落成，式样新颖，适合新家庭之需要，特自本日起公开展览，备有精美说明书，当场分送。展览时间为上午八时至下午十时。

8 月份，乐居房产公司称所建的复成新村是"南京最精美之住宅"，"共建十一座，现所余无几"。

1935 年 12 月 23 日，乐居房产公司又在《中央日报》发布"展览改良住宅"信息：

本公司在复成桥马路街复成村续建风行欧美之世界式住宅数幢，定价出售，极合新家庭之需要，现已落成，欢迎参观，备有精美说明书当场分送。展览时间：每日上午九时至下午六时。

至全面抗战爆发，复成新村的房屋还没全部建好。

房地产开发的经典之作

之所以说复成新村是房地产开发的经典之作，主要是基于以下一些分析。

现在的南京民国建筑，人们比较津津乐道的还是行政建筑、公共建筑、文教科研建筑、纪念建筑、使馆建筑、官邸建筑、宗教建筑等，但对民国时期的住宅建筑，相比较而言，关注度就不大了。即使有所关注，也仅限于颐和路公馆区。

由于《首都计划》将颐和路一带定义为第一住宅区，加之1945年抗战胜利之后，众多高官入住此区域，这一带就成了所谓的"官僚上层阶级住宅区"，故而广泛认为这一带的住宅是民国时期最高档的。其实这样的观点还有值得商榷之处。

南京相当数量的民国住宅都建于1933年之后。至1949年，这些住宅大都换了多次住户。比较大规模的变动有这样两次（正常的房产买卖除外）：一是1937年12月南京沦陷以后，二是1945年9月抗日战争结束以后。现在颐和路公馆区挂牌了不少国民党高官的公馆，但这些人大都是1946年左右才入住，而1949年前就离开了，实际入住的时间最多也就两三年，故将这里定义为"官僚上层阶级住宅区"显

现在的颐和路 8 号被称为"阎锡山公馆",其实阎锡山只是于 1949 年 4 月 14—22 日在这里住了几天而已

然有点牵强。

1935 年 2 月 18 日的《朝报》上刊有阿凡的《京市新住宅区杂记》一文,对当时颐和路一带的新住宅区有段描述,可见当时那里的荒凉:

为了所谓监工的职务关系,搬到京市第一新住宅区来居住已三个月了。地址在清凉山下,由山西路西行即至,原来是些荒凉崎岖的坟地田野,由市政府收买了转卖给民众盖屋居住的。

新住宅区的道路是市府计划营造的，现正开着夜工赶筑，什么牯岭哪，天竺哪，宁海哪……名目繁多，为外人所不详知。所以一般工人告诉亲戚朋友，都说是在山西路做工，有人要往新住宅区来，也说："我到山西路去。"……

其实最初入住颐和路一带的住户中，铁道部的人员占据了相当的比例。他们之所以选择在这里购置房产，和这里距离铁道部近有关。

购置房产，一是要看地段，二是要看开发商的实力。

复成新村建成出售时，第一新住宅区基本都还是荒地，且远离市区，也没有什么市政配套设施。从地段上讲，复成新村则有着巨大优势。从交通环境看，其东边是秦淮河，西边是京市铁路，新村周边马路系统完善，水陆道路畅通；从人文环境看，东边隔河有南京第一公园、公共体育场、通俗教育馆、中央大学工学院，西边有公安局教练所、南京女子中学、太平路商业中心，生活较为便捷。按现在的说法，复成新村处于绝对的黄金地段，故乐居房产公司才会对复成新村有这样的宣传："本村与南京商业中心之太平路、最优美之第一公园及公共体育场、富有诗意之秦淮河均甚邻近，而空气清新,宜于居家,在首都无出其右。"①

开发商的实力,首先体现在其核心理念上,还有就是资金保障以及设计能力。在这些方面,乐居房产公司都具有一定优势。

第一新住宅区位于颐和路一带,自 1933 年起,陆续建成住宅 287 处。第一新住宅区开始建设的时间和乐居房产公司成立的时间基本是一致的。就建筑体量来说,至 1937 年 12 月,乐居房产公司所建的房屋已非常之多,仅梅园新村、桃源新村、复成新村、竺桥新村就接近两百幢了,一家公司开发的房产就快赶上第一新住宅区了,其实力确实不容小觑。

现在南京的民国建筑(尤其是颐和路公馆区一带)大都为西式风格住宅楼,也多为学者所推崇,但我们感觉这些楼房的设计有相当一部分都是从西方照搬过来的,并没有什么创新性可言。

1930 年 10 月中原大战结束后,很多人就开始考虑在南京买地建房了,而此时西式住房的建筑图纸也及时在市场上出现了。那段时期,有关西式住房图纸的出版物较多,所以

---

① 南京乐居房产股份有限公司:《复成村房屋说明书》,1935 年 12 月印制。参见蔡晴、姚赯《南京近代住区的营建特征与保护观念初探》,《华中建筑》2006 年第 11 期。

《首都计划》公布时,颐和路一带还是荒地,没有什么高大建筑,更谈不上配套的市政公共设施[《最新南京全图》(1927年),上海中华书局]

可以推测南京的民国住宅设计有相当一部分来自于此。例如1930年11月18日的《中央日报》第一版上就刊有共和书局发布的信息:

美国最新式住宅图出版

定价洋：二元。实价洋：一元六角

编辑者：杨健士

那时留学归来的人也很多，例如南京最大的营造厂"陈明记"老板陈烈明的儿子陈裕华，于1931年获康奈尔大学土木工程硕士学位后回国，1933年出任"陈明记"营造厂总经理兼技师。这些人都从国外带回了很多西方的建筑图纸，自然都会派上用场。

更有甚者，有些人自己还设计画图建房。这方面的代表人物就是语言学家、音乐家赵元任的妻子杨步伟。杨步伟在《一个女人的自传》中说，她在兰家庄"房子的设计画图等等都是我打草稿，再给人画蓝图，包工的人也就照葫芦画瓢做"，"没料到车房顶上加的一间和正房接头的地方，因为车房低了四尺接不起头来，人走不过去，只可以跳下去。无法办，只得在上面加了一个台子，下面的楼梯才可以通过去，人人看了都要莫名其妙一下。朋友们以后都笑我这个好设计家，他们一盖房子就说不要像赵太太样，楼梯下不去，上面加一个台子"。

相比而言，乐居房产公司在住房的设计上有自己的创新。

乐居房产公司在1937年3月15日的《中央日报》第一版上刊登《乐居房产有限公司迁居新厦第一贡献》公告，一是告知公司迁址到中山路69号，二是展示了最新的复成新村房屋的效果图，称最新的房屋为"便殿式住宅"。由效果图可知，此为中式平房，为中国的宫殿式建筑，完全不同于其他西式楼房。应该说，这是"首都黄金十年开发"期住宅建设最辉煌也是最后的作品了。

此图展示的是复成新村最西边的几幢"便殿式住宅"的效果图。2017年6月7日采访复成新村时，老居民说20世纪五六十年代曾见过复成新村28、30、32号的房屋，屋顶为琉璃瓦，漂亮之极

现在复成新村 28、30、32 号屋顶已不见琉璃瓦,外围环境也较糟糕,让人难以想象其八十多年前的风采了

金九与复成新村

在复成新村早期的住户中,4号、5号的文鸿恩和10号的文朝籍较为特殊。之所以特殊,一是因为他们是堂叔侄关系,文鸿恩是侄子,文朝籍是叔叔,但文鸿恩比文朝籍岁数大。1934年,文鸿恩是上海市公安局局长,文朝籍是国民党七十八师师长。二是文鸿恩、文朝籍都是吴铁城多年的老部下,文鸿恩的工作地点并不在南京,却在南京一下子购置了两幢西式楼房,这其中有何缘由,很值得探究。

文鸿恩于1934年11月去世,接任上海市公安局局长的则是文朝籍。吴铁城当时正是上海市市长,文鸿恩、文朝籍先后任公安局局长,都是由吴铁城推荐的。吴铁城自1911

年12月追随孙中山起，一直担任要职，并在许多重大历史事件中起到重要作用。

现复成新村8号门口挂有南京市人民政府颁布的公示牌：

南京重要近现代建筑 编号：2013061

原金九寓所

建于20世纪30年代，为一栋二层砖木结构楼房，韩国流亡政府领导人金九曾在此居住。金九，号白凡，韩国著名的独立运动家。

南京市人民政府
2013年10月

我们分析，此挂牌有误。我们认为1935—1937年间，应该是金九的母亲居住于复成新村，但不是8号，而是10号（民国时期的门牌号码为5号）。[1]

金九自1932年4月29日成功策划上海虹口爆炸案之后，

---

[1] 具体情况可参见"微南京"丛书的《金九在南京》和《复成新村的陈年旧事》。

就一直处于日本警宪的追捕之中。而虹口爆炸案发生时，吴铁城接任上海市市长才三个多月。

虹口公园炸弹案的发生，引起了国民政府的重视，使其开始重新认识金九和韩国临时政府，并立刻采取行动。当时，保护和转移在上海的韩国临时政府要员的工作，主要由陈果夫负责，朱家骅、吴铁城、殷铸夫、朱庆澜、查良钊、褚辅成、萧铮等也参与其中。金九转移到嘉兴后，其安全就是由萧铮负责具体落实的。从那时起，萧铮就一直充当国民政府"对韩联络人"的角色，主要负责联系金九。1932年，萧铮任中央政治学校地政学院院长，还出任导淮委员会土地处处长。1935年11月，韩国临时政府迁至南京，金九极有可能为了母亲的安全而请求萧铮帮助安排住所。

我们推测萧铮将金九的母亲安排在复成新村，理由有四。一是复成新村乃高档住区，住户主要是军政要员，周边治安状况良好。二是汪胡桢任职于导淮委员会，复成新村由汪胡桢的乐居房产公司开发经营，而萧铮同时还是导淮委员会土地处处长，和汪胡桢又都是浙江老乡，请汪胡桢帮忙保护金九，萧铮应较为放心。三是文鸿恩去世后，文鸿恩的房子或是由乐居房产公司代为租赁，或可能是吴铁城、文朝籍在使用，金九的母亲住在这里，也是比较安全的。四是复成新村

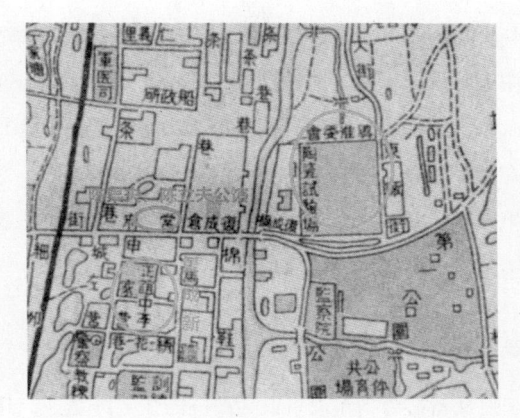

陈果夫、陈立夫公馆与复成新村相距不足百米,离导淮委员会也非常近[《新南京地图》(1937年),日新舆地学社]

陈果夫、陈立夫公馆。左边的二层楼房为陈立夫公馆,右边的三层楼房为陈果夫公馆。站在楼上即可看见复成新村5号(现复成新村10号)

5号基本就在陈果夫、陈立夫公馆的眼皮底下,陈果夫站在自家的阳台上就能很清晰地看到复成新村5号的情况,这边一有风吹草动,陈的卫队瞬时就可抵达。故萧铮安排金九的母亲住在这里,金九应该很放心。

陈果夫、陈立夫公馆坐落在常府街上,于1935年建造。二陈公馆朝南不足百米就是复成新村,靠得非常近。

附录:复成新村住户名单

由于复成新村为当年南京最为高端的住宅区之一,其居住者大都有着相当的经济实力,其中不乏大学教授和医生、工程师等高收入人群,但更多的是与陈果夫、陈立夫相关的军政界要人。1937年12月南京沦陷后,这里又被日伪要员所占据,其中31—33号、35号、36号被"满洲国"大使馆驻京办事处占用,34号被华中电业公司经理占用,6号、16—19号、21号、22号被绥靖军官学校日籍军官占用;抗战胜利后,国民政府再次接管此地,一些军政要员再次入住。故复成新村一直有着高官住区的属性。

现在的复成新村门牌号码与民国时期完全不同,为此"微南京"丛书另有《复成新村的陈年旧事》一册,专门讲述我们对复成新村新老门牌号码的考证情况,已于去年出版。

此处简单介绍一下民国时期复成新村的一些住户。

复成新村1号、2号（现2号、4号）
区鼎新，广东顺德人。1949年任国民政府行政院参事。

复成新村3号（现6号）
邮汇局。

复成新村4号（现8号）
挂牌"原金九寓所"，但疑有误。
文鸿恩，又名华宗，字对庭，海南文昌人。北伐时，为国民革命军第十七师中将师长，1932年任上海市公安局局长，1934年11月病逝。
1937年初，吴经熊（吴德生）曾居住于此。

复成新村5号（现10号）
文鸿恩。文鸿恩在复成新村购置了4号和5号两处房产。5号可能曾为金九的母亲所居住，1947年后为韩国政府驻华代表团驻地。

复成新村7号（现1号）

河海同学会会所。南京沦陷期间，为周佛海妻弟杨惺华的住所。

复成新村8号（现3号）

宣介溪，学名松如，安徽六安人。毕业于北京大学。曾任宋哲元第二十九军政训处处长。

抗战胜利后，文学史家刘心皇的户籍卡上的登记地址也是复成新村8号。

复成新村10号（现7号）

文朝籍，字芗铭，海南文昌人，文鸿恩的堂叔（年岁比文鸿恩要小）。先后毕业于云南讲武堂十二期、陆军大学特一期。1934年为七十八师中将师长，文鸿恩去世后，接任上海市公安局局长，仅两个月后就辞职，之后仍一直在军中任要职。其戎马一生，经历东征、北伐、抗日等战争，身经百战，曾先后荣获胜利勋章、陆少空军甲种一等奖章、九星奖章、抗战纪念章等。

1948年，此处为中共南京市委的秘密联络点。

复成新村11号、11-1号（现9号、11号）

陶守伦办事处。陶守伦，何知重的十九兵团、李延年的第二兵团、王凌云的十三绥靖区兵团等联合驻京办事处主任。

复成新村13号（现31号）

陈俾，江苏金坛人。毕业于日本陆军士官学校第二十三期步兵科。早年是七十八师司令部参谋处处长兼干部训练班主任。抗日战争胜利后，奉命与陆军总司令部副参谋长冷欣飞抵南京，参与日军受降与接收事宜。

复成新村16号（现25号）

朱式勤，国民军四十五军副军长兼第一〇二师师长。

复成新村17号（现23号）

蒋经国。

复成新村18号（现21号）

中美特种技术合作所南京气象站。

复成新村19号（现40号）

陈大镁，工程师。

复成新村20号（现38号）

进步周刊社。

复成新村21号（现38号）

何金泉，立法委员。

复成新村22号（现36号、42号）

翟殿云。南京警察厅代理三等分队长（沦陷期间）。

复成新村23号（现34号、44号）

汪镐基，字京柏，浙江桐乡人。国民政府训练总监部骑兵监。1936年被授国民党中将军衔。

复成新村24号（现46号、46-1号）

邱维达，原名邱青白，字力行，湖南平江人。1937年南京保卫战时为七十四军五十一师三〇六团团长，1947年张灵甫阵亡后接任七十四师师长。

复成新村 25 号（现 48 号）

中央银行职员宿舍。

复成新村 27 号（现 19 号）

萧赞育，复兴社骨干，南京特别市党部主任委员。

复成新村 29 号（现 52 号）

刘振三，字育如，河北故城人。1933 年 3 月，喜峰口战役时，任国民党二十九军三十八师团长，率部抡大刀击退日军。1943 年 8 月任三十三集团军五十九军军长。

复成新村 31 号（现 32 号）

"满洲国"大使馆驻京办事处。

陈杰，民国时期国防部处长。

复成新村 32 号（现 30 号）

林秋生，福建闽侯人。政治大学、师范大学德文教授，国民政府教育部欧洲语言中心德文科主任。以英、德、法文编译有《中国文化简编》《复兴中之中国》《中国与日本历史上之检讨》《中西文化》《中国新建设》等著作。

复成新村33号（现28号）

陆圣恺，商人。

复成新村34号（现13号）

陈大镁，工程师。

复成新村35号（现15号）

余凯之。

复成新村36号（现申家巷1号）

徐叔明，乐居房产公司总经理。

复成新村37号（现18号）

韦永成，蒋介石的侄女婿。新桂系李宗仁、白崇禧手下重要人物之一。

复成新村38号（现16号）

张岳灵，李宗仁竞选副总统时的财政总管。

复成新村39号（现14号）
邱清泉，第二兵团司令。

复成新村44号（现20、22、24、26号）
程绍叶，国防部处长。

消失的竺桥新村

竺桥新村紧靠着桃源新村。《南京地名大全》对竺桥新村有如下介绍：

> 竺桥新村 居民区。位于梅园新村街道东南部，珠江路东段太平桥与竺桥之间，1985年后新建。因东近竺桥，以桥名加通名"新村"二字组合而得名。①

现在南京除《南京地名大全》中所说的"竺桥新村"之外，再无第二个"竺桥新村"，寻民国时期的地图，也没发现任何线索。而汪胡桢也只简单提过一句"陆续建成桃源新

---

① 《南京地名大全》编委会编《南京地名大全》，南京出版社，2012年，第605页。

如今竺桥新村的位置

村、梅园新村、复成新村和竺桥新村",依此所说的顺序,竺桥新村应该是最后开发的。

南京市军管会房产管理处于1950年5月15日编印的《南京市接管代管房屋简明手册》中明确记载有竺桥新村住户的信息,但也仅只一处:

竺桥新村　伪中央工业试验所职员宿舍　王宾龛(房主)西平九幢　48间

现在的竺桥新村为几幢现代居民楼，靠秦淮河，政府出资做了外立面出新，很是漂亮。由汪胡桢在嘉兴老家的"湖滨小筑"也是依湖而建推断，竺桥新村很有可能也是靠秦淮河而建，如是真的，则就是不折不扣的"水景房"了。

如今的竺桥新村紧靠秦淮河，出新后的楼房很漂亮。而民国时期的竺桥新村已无踪可寻

后记

　　南京现存的民国建筑众多,相关的研究也比较多,但大都是研究这些建筑本身,讲建筑风格、特点或者历史地位。但对于当年建造这些民国建筑的房地产商、营造厂,以及建筑材料生产商等,却鲜少有人去关注。

　　20世纪三四十年代,南京乐居房产公司作为实力雄厚的房地产开发企业,在南京开发了良友里、梅园新村、桃源新村、复成新村、竺桥新村等众多房产。但现在有关乐居房产公司的研究却很少,至于公司的股东、董事,公司的运营等方面的研究,则几乎没有。

　　民国时期,汪胡桢既是著名的水利专家,又是乐居房产公司大股东,而且在水利专业期刊、科技图书的出版方面也颇有成就。但由于他在水利上的成就更为突出,一般研究者都是围绕其水利专家这一身份来进行研究。比如,嘉兴市政协文史资料委员会于1997年出版的《一代水工汪胡桢》，对汪胡桢在水利事业上的贡献有较为详细的评述，是目前有关汪胡桢最为全面的一本书。但此书对汪胡桢曾于20世纪30年代初成立房产公司参与"首都建设"的经历基本没有涉及。有鉴于此，我们特别关注汪胡桢那段时期在南京开发了哪些房产，希望把他这方面的经历尽可能完整地呈现出来，使后人能更为全面地认识作为水利专家的汪胡桢和作为房地产精英的汪胡桢。

在研究和写作过程中，我们虽搜集到了一批资料，但更多的史料，特别是细节资料仍然极为缺乏。首先，各新村的住户信息不完整。除以往正常的房产买卖之外，在1937年12月南京沦陷和1945年9月抗日战争结束以后，各新村在房产接收和转移上都有很大变动，这方面的资料散佚难寻。其次，乐居房产公司的档案材料缺失。一是公司成立时的公司章程、股东名册、财务报表等资料一直没有找到，只在1933年《实业公报》刊登的公司登记公告中找到零星信息。二是公司开发各个新村时的详细资料也很少，例如门牌号码的编排、买主的资料等。三是合作方的情况也很难找到。例如除了陆根记、竺达记，乐居房产还与哪些营造厂合作过：建筑用的砖瓦是哪个砖厂的，钢窗是用的哪个钢铁厂的，内墙调和漆、地板漆是从哪个国家进口的，电器用的是哪个电料行的，等等。这些资料看似琐碎无趣，但只有细节足够丰富，所呈现的内容才更丰满、更真实。因缺乏这些资料的支撑，目前我们还不能详尽地展示汪胡桢在房地产事业上的成就，因此本书只是尽可能多地还原其基本情况，让读者从宏观上对其房地产成就有一个基本的了解；同时也将我们掌握的重要史料和某些细节上的思考展示出来，一则与读者分享，二则为后续研究留下些线索，以便日后不断补充丰富。

南京的民国建筑是其特色，也是其引以为豪的"财富"，但现在留存且保存较为完好的民国建筑大都是行政建筑、公共建筑、文教科研建筑、纪念建筑等。而商业建筑、住宅建筑则在飞速发展的城镇现代化进程中，以前所未有的速度大量灭失，其中商业建筑基本消失殆尽，而住宅建筑也已所剩无几。从这个角度看，应该说南京的民国建筑类型保存是不完整的。

由于行政建筑、公共建筑等有面向公众的特性，其历史脉络和文献资料相对比较完整，且这些建筑大都归机关、事业以及部队等单位使用，保存状况相对良好。

相比而言，住宅建筑具有私密特性，经过七八十年乃至上百年风雨，大都年久失修，或几经改建，已经面目全非，而且住宅内部线路老化、私拉乱接现象严重，安全隐患极大。由于建筑现状较差，加上档案文献的损毁和流失，很多住宅的主人已湮没在历史的尘埃之中。故而决策部门认为这些建筑的历史价值和人文价值不大，其陆续被拆除也就在所难免了。

文史学者王振良认为历史建筑大量灭失，这其中有很大一部分都与建筑住户身份不明、其历史价值和人文价值未能得到充分认知有关，即大量历史建筑的拆除是无知和盲目的；并认为，对身份不明的历史建筑重新进行身份确认，将是建筑文化遗产保护极为重要的一环，这对于推进地方人物和地域文化研究都有积极的意义。

对于王振良的观点，我们非常认同。

我们有这样的感受，南京的民国建筑（尤其是住宅建筑）虽就在身边，但当被问及这些住宅的房主时，我们答不出来；当被问及民国时期南京有哪些开发商，他们是如何开发的，我们答不出来……每到这种时候，南京人（或是新南京人）以"民国建筑"引以为豪的"自豪感"就会荡然无存。

为此我们觉得应该尽自己的能力做点什么，所以在这本书中，我们也是尽可能将知晓的信息呈现给大家，一是希望有更多的人能关注到这些，并不断补充完善；二是挖掘更多南京的人文及历史信息，使得南京的历史更加丰富多彩。

一部不足十万字的小书，历时近三年总算完成，自是非常开心。不过为何耗时这么久，主要是一则寻找资料确实非常困难，二则本人的水平非常有限。书稿完成之际，最想感谢一起做"微南京"丛书策划的张元卿，以及本书的责任编辑郭春艳。

我和张元卿近年来一直关注南京的民国建筑，每当搜集到一点这方面的资料，我们就会分类收藏（主要是张元卿做此工作），随着时间的积累，这方面的资料就达到了一定的数量，提供给我们新的研究方向。

这本书中很重要的一部分内容就是梅园新村的门牌号码考证，以及梅园新村、桃源新村、复成新村、良友里等几个新村的住户名单。这些新村的门牌号码确定了，建筑背后的主人信息也就明确了，从而使得这些新村的历史更加丰富。由此看，张元卿所做的贡献巨大。

谈及写作，依然还是要感谢张元卿，此书的写作，得到了他多方面的指点。因为我之前没有此方面的经验，而张元卿则已有多部著作问世，可谓经验丰富。

郭春艳是我和张元卿另一本"微南京"丛书之《复成新村的陈年旧事》的责任编辑，她责编完那本书后，对"微南京"丛书产生了浓厚兴趣,主动要求来做这本书。

最初的书稿想呈现的东西太多,既想突出汪胡桢的传奇色彩,也想叙述乐居房产公司的开发历程,还想展示与汪胡桢、乐居房产公司以及与几个新村有关的人和事,这样反而使得书稿显得非常零碎,且重点不突出。为此,我和责编就书稿有了一年多的讨论、修改、再讨论、再修改的过程,数易其稿,最终成型。

最后想表达的是对汪胡桢的敬意。

汪胡桢以"水利救国"作为自己的理想,并付诸了一辈子的行动。汪胡桢在20世纪30年代就已经是南京最大的房地产开发商,大可以过最富庶的生活。但从其经历来看,他并没有去"享受"这样的生活,而是致力于水利事业以及科技图书出版事业,可见汪胡桢"水利救国"的"初心"始终没有变过。

汪胡桢的经历是极其丰富的,他早年与詹天佑、丁文江、翁文灏,甚至梁启超都有交往,有着非常丰富的人脉资源。他醉心于水利、科技图书出版,貌似"书呆子"型的学者,其实不然。例如20世纪30年代,汪胡桢初任国民政府救济水灾委员会第十二区工赈局局长的时候,就和安徽的多个黑帮打过交道,而他应付这些黑帮也是游刃有余,可见其社会经验也是极其丰富的。应该说,汪胡桢是一位多面手,很具传奇色彩。

但一本小书无法全面展示汪胡桢的传奇经历,读者如想对汪胡桢有更多了解,嘉兴市政协文史资料委员会于1997年出版的《一代水工汪胡桢》不失为一本好书。两本书对照着看,将会更加有趣。

2020年1月25日于杭州萧山